Impressum
Verlag: BABADADA GmbH, Nedderfeld 112 , 22529 Hamburg
Geschäftsführer / Verlagsleitung: Harald Hof
Druck: Books on Demand GmbH, In de Tarpen 42, 22848 Norderstedt

Imprint
Publisher: BABADADA GmbH, Nedderfeld 112 , 22529 Hamburg, Germany
Managing Director / Publishing direction: Harald Hof
Print: Books on Demand GmbH, In de Tarpen 42, 22848 Norderstedt

l'école

སློབ་གྲྭ

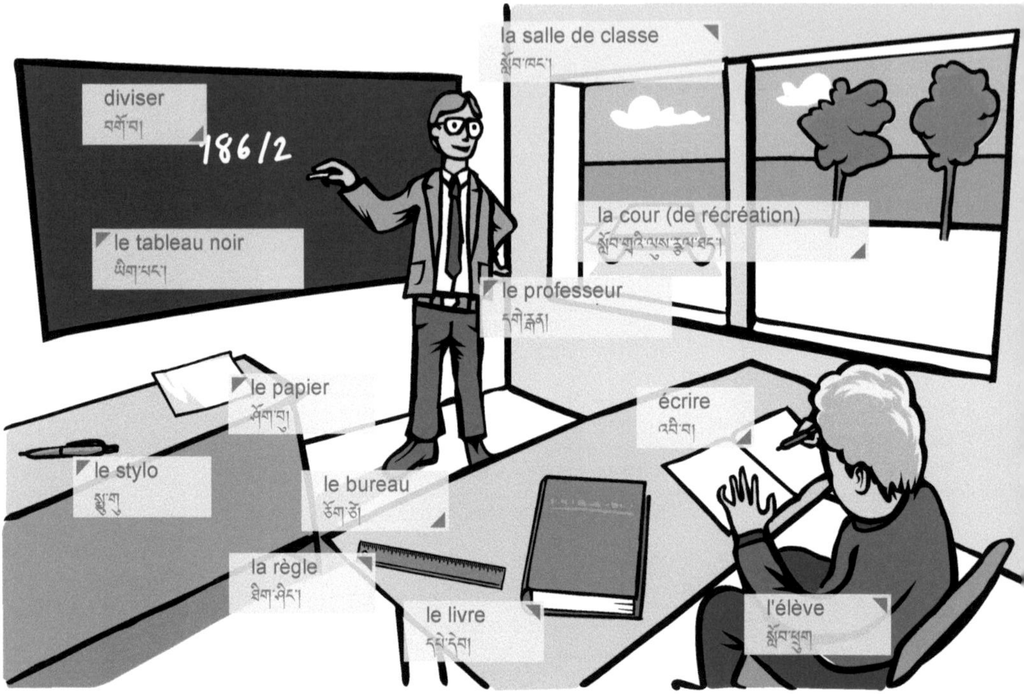
la salle de classe
སློབ་ཁང་།
diviser
བགོ་བ།
186/2
le tableau noir
ཡིག་པང་།
la cour (de récréation)
སློབ་གྲྭའི་ལུས་རྩལ་ཐང་།
le professeur
དགེ་རྒན།
le papier
ཤོག་བུ།
écrire
འབྲི་བ།
le stylo
སྨྱུ་གུ
le bureau
ཅོག་ཙེ།
la règle
ཐིག་ཤིང་།
le livre
དཔེ་དེབ།
l'élève
སློབ་ཕྲུག

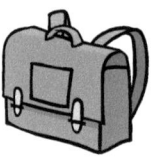

le cartable

དཔེ་ཁུག

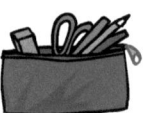

la trousse

སྨྱུག་སྒམ།

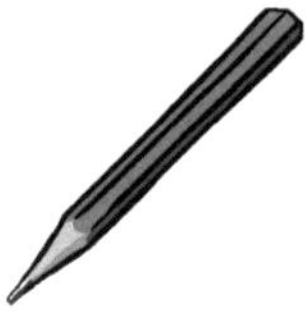

le crayon

ཞ་སྨྱུག།

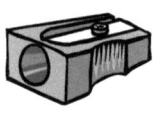

le taille-crayon

གཞོག་གྲི།

la gomme

འཇིག་གསུབ།

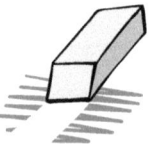

le carnet à dessin

འབྲི་པང་།

le dessin
ริ་མོ།

le pinceau
ཚོན་པིར།

la boîte de peinture
ཚོན་སྣོད།

les ciseaux
ཇེམ་ཚོ།

la colle
འབྱར་སྤྱི།

le cahier d'exercices
སྦྱོང་བརྡར་སློབ་དེབ།

les devoirs
ཞན་སྦྱོང་།

le chiffre
ཨང་གྲངས།

additionner
སྣོན་པ།

soustraire
འཕྲེན་པ།

multiplier
སྒྱུར་བ།

calculer
རྩིས་རྒྱག་པ།

la lettre
ཡི་གེ

l'alphabet
ཀ་ཁ་

le mot
ཚིག

le texte

ཡིག་གཞི།

lire

སློག་པ།

la craie

ས་སྨུག

la leçon

སློབ་ཚན།

le livre de classe

དེབ་གཞུང་།

l'examen

ཡིག་ཚད།

le certificat

ལག་ཁྱེར།

l'uniforme scolaire

སློབ་གོས།

la formation

སློབ་གསོ།

le lexique

ཤེས་བྱ་ཀུན་བཏུས་དེབ་ཐེར།

l'université

སློབ་གྲྭ་ཆེན་མོ།

le microscope

ཕྲ་མཐོང་ཆེ་ཤེལ།

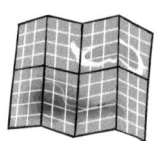

la carte

ས་ཁྲ།

la corbeille à papier

གད་སྙིགས་གསོག་སློད།

le voyage

ཡུལ་བསྐོར་སྐྱོ་འཆམ།

l'hôtel
མགྲོན་ཁང་།
Grand
l'auberge
འགྲུལ་ཁང་།
ROOMS
le bureau de change
བརྗེ་འགྱུར་ལས་ཁུངས།
CHANGE
la valise
ལག་སྒམ།
la voiture
རླངས་འཁོར།

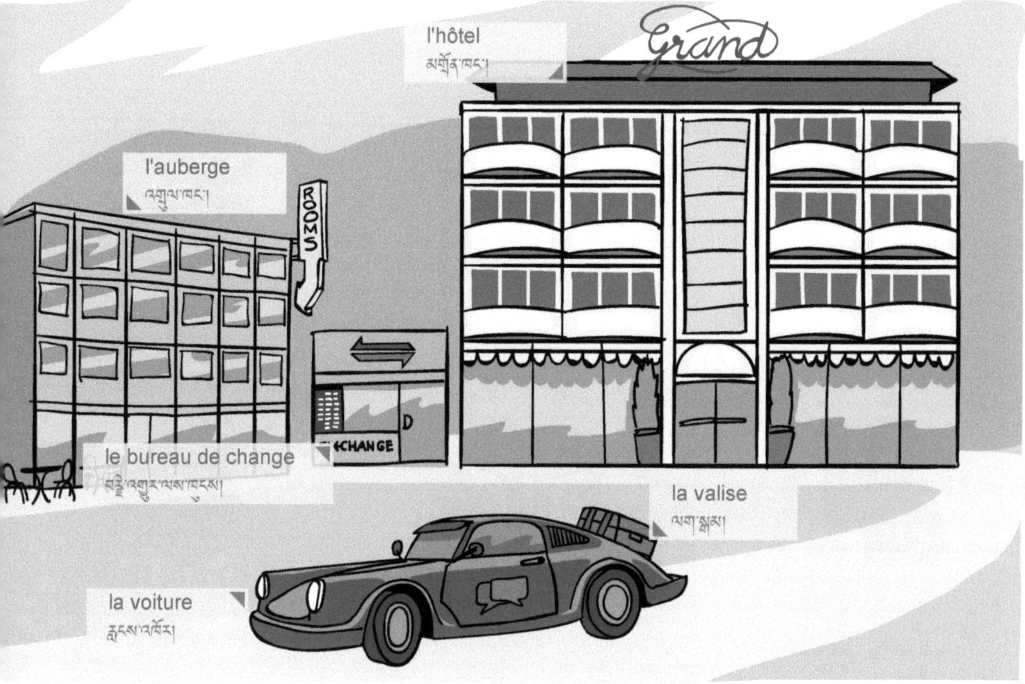

la langue

སྐད་རིགས།

oui / non

རེད། མ་རེད།

d'accord

ལགས་སོ།

Salut

ཁམས་བཟང་།

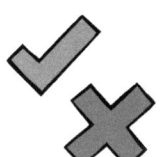

l'interprète

ཡིག་སྒྱུར་བ།

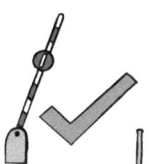

merci

ཐུགས་རྗེ་ཆེ།

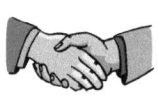

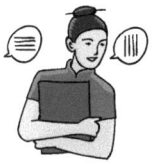

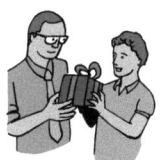

Combien coûte...?

ག་ཚོད་རེད།

Je ne comprends pas

ད་གོ་མ་སོང་།

le problème

དཀའ་ངལ།

Bonsoir !

དགོང་མོ་བདེ་ལེགས།

Bonjour !

སྐུ་ཁམས་བདེ་ལེགས།

Bonne nuit !

མཚན་མོ་བདེ་ལེགས།

Au revoir

ག་ལེར་ཕེབས།

la direction

ཁ་ཕྱོགས།

les bagages

ཅ་ལག

le sac

ལྐོག་མ།

le sac-à-dos

རྒྱབ་ཁུག

l'hôte

མགྲོན་པོ།

la pièce

ཁང་མིག

le sac de couchage

ཉལ་ཁུག

la tente

གུར།

l'office de tourisme

རྒྱལ་སྐོར་ཁ་འཛིན།

la plage

མཚོ་འགྲམ་གྱི་ཐང་།

la carte de crédit

ཡིད་རྟོན་བུལ་བྱ།

le petit-déjeuner

ཞོགས་ཟས།

le déjeuner

དགུང་ཟས་ཚ།

le dîner

དྲུག་ཚ།

le billet

པ་སེ།

l'ascenseur

གློག་སྒྲུལ།

le timbre

ཟེ་ལ་ཅོ།

la frontière

མཐའ་མཚམས།

la douane

སྒོ་ཁྲལ།

l'ambassade

གཞུང་ཚབ་ཆེན་མོའི་ལས་ཁངས།

le visa

མཆན་བཀོད་ལག་ཁྱེར།

le passeport

ལག་འཁྱེར།

le transport

སྐྱེལ་འདྲེན་བྱེད་པ།

l'avion
གནམ་གྲུ།

le navire
གྲུ་གཟིངས།

le véhicule de pompiers
མེ་གསོད་འཕྲུལ་ཆས།

le bus
སྤྱི་སྤྱོད་རླངས་འཁོར།

le camion
ཏོག་འདྲེན་རླངས་འཁོར།

bateau à moteur
་གྲུ།

la voiture
རླངས་འཁོར།

la bicyclette
རྐང་འཁོར།

le ferry
ཀོ་མ།

la barque
གྲུ།

la moto
འཕུལ་རྟ།

la voiture de police
བདེ་སྲུང་སྐུལ་འཁོར།

la voiture de course
རྒྱུགས་འཁོར་འགྲན་བསྡུར།

la voiture de location
གླ་འབབ་རླངས་འཁོར།

l'auto-partage

རྒྱངས་འཁོར་བ་བགོ་འགྲེམས་བྱེད་པ།

la voiture de remorquage

འདྲུད་འཁོར་ཆག་སྒྲིག

la benne à ordures

འདྲུད་འཁོར།

le moteur

སྨོ་ཌ།

l'essence

བུད་ཤིང་།

la station d'essence

རྫས་སྣུམ་ས་ཚིགས།

le panneau indicateur

འགྲིམ་འགྲུལ་གྱི་མཚོན་རྟགས།

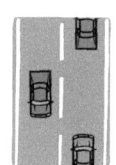

le trafic

འགྲིམ་འགྲུལ།

l'embouteillage

འགྲིམ་འགྲུལ་འགགས་པ།

le parking

རྒྱངས་འཁོར་འཇོག་པ།

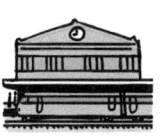

la gare

མེ་འཁོར་འབབ་ཚིགས།

les rails

ལམ་ཆུད།

le train

མེ་འཁོར།

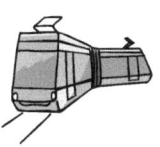

le tramway

གློག་སྐུལ་གྱི་སྤོས་གྱི་འཁོར་ལམ།

le wagon

ཤིང་རྟ་འཁོར་ལོ།

l'hélicoptère

ཐད་འཕུར་གནམ་གྲུ།

l'aéroport

གནམ་གྲུ་ས་ཚིགས།

la tour

ལྟོག་ལྟོག་ཁང་པ།

le passager

འགྲུལ་པ།

le conteneur

སྒྲོད་ཆས།

le carton

ཤོག་སྒྲོམ།

le chariot

ཤིང་སྒྱ།

la corbeille

གཟེད་མ།

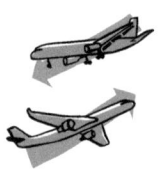

décoller / atterrir

མཆོང་བ།

---

la ville
གྲོང་ཁྱེར།

le village

སྡེ་བ།

le centre-ville

གྲོང་ཁྱེར་གྱི་ལྟེ་བ།

la maison

ཁང་པ།

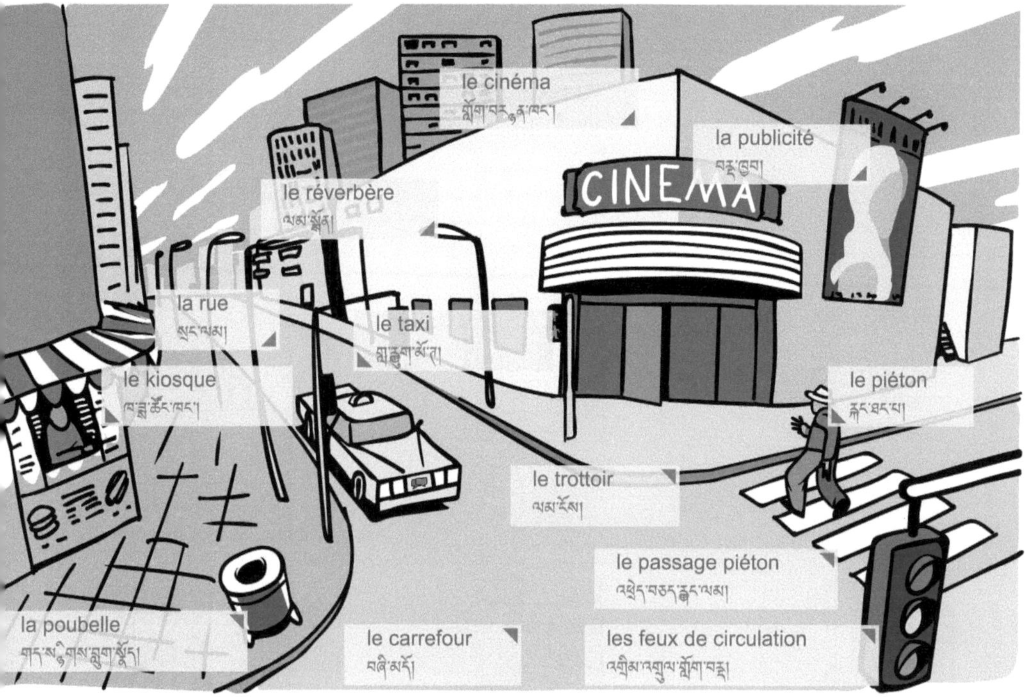

le cinéma
སློག་བརྙན་ཁང་།

la publicité
བསྒྲགས།

le réverbère
ལམ་སྒྲོན།

CINEMA

la rue
སྲང་ལམ།

le taxi
སྐྱ་རྫས་མོ་ཊ།

le kiosque
བཙོང་ཚོང་ཁང་།

le piéton
རྐང་བགྲོད་པ།

le trottoir
ལམ་འོར།

le passage piéton
འཕྲེད་བཅད་རྐང་ལམ།

la poubelle
གད་སྙིགས་གཡུག་སྣོད།

le carrefour
བཞི་མདོ།

les feux de circulation
འགྲིམ་འགྲུལ་སློག་བཀྲ།

la cabane
ཁང་ཆུང་།

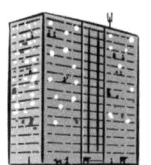

l'appartement
ཁང་པ།

la gare
མེ་འཁོར་འབབ་ཚིགས།

la mairie
གྲོང་སྡེའི་ཚོགས་ཁང་།

le musée
འགྲེམས་སྟོན་ཁང་།

l'école
སློབ་གྲྭ།

l'université

སློབ་གྲྭ་ཆེན་མོ།

la banque

དངུལ་ཁང་།

l'hôpital

སྨན་ཁང་།

l'hôtel

མགྲོན་ཁང་།

la pharmacie

སྨན་སྒྲོར་ཁང་།

le bureau

ལས་ཁངས།

la librairie

དཔེ་ཁང་།

le magasin

ཚོང་ཁང་།

le fleuriste

མེ་ཏོག་ཚོང་མཁན།

le supermarché

སྣ་ཚོགས་ཚོང་ར།

le marché

ཁྲོམ་ར།

le grand magasin

སྤྱི་ཚོགས་ཚོང་ཁང་།

la poissonnerie

ཉ་ཚོང་མཁན།

le centre commercial

ཚོང་ཁང་ཆེ་གནས།

le port

གྲུ་ཁ།

le parc

སྐྱེད་ཚལ།

la banque

དངུལ་ཁང་ནར་མོ།

le pont

ཟམ་པ།

les escaliers

ཐེམ་སྐས།

le métro

ས་འོག་གི།

le tunnel

རི་སྦུག་ལུགས་ལམ།

l'arrêt de bus

རླུང་འཁོར་འབབས་ཚིགས།

le bar

ཆང་ཁང་།

le restaurant

ཟ་ཁང་།

la boîte à lettres

ཡིག་སྐས།

le panneau indicateur

ལམ་གྱི་མཚོན་རྟགས།

le parcmètre

འཛོག་ལྤགས་རེའི་རེད་ཐིག

le zoo

གཅན་གཟིག་ཁང་།

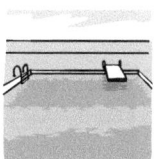

le réverbère

རྒྱ་ལམ་ཉིད།

la mosquée

ཁ་ཆེའི་ལྷ་ཁང་།

la ferme

ཞིང་པ།

la pollution

འབགས་བཙོག

la cimetière

དུར་ས།

l'église

ལྷ་ཁང་།

l'aire de jeux

རྩེད་ཁང་།

le temple

ལྷ་ཁང་།

le paysage

ཡུལ་ལྗོངས།

la feuille
ལོ་མ།

le panneau indicateur
ལམ་རྟགས།

le chemin
ལམ།

le pré
སྤང་ལྗོངས།

la pierre
རྡོ།

l'arbre
ཤིང་ས།

le randonneur
རྐང་འགྲུལ་ཡུལ་སྐོར་བ།

la rivière
ཆུ་བོ།

l'herbe
རྩྭ།

la fleur
མེ་ཏོག

la vallée
....
སྒུང་།

la montagne
....
རི་བོ།

le lac
....
མཚོ།

la forêt
....
ནགས་ཚལ།

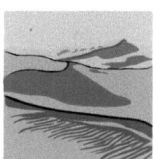

le désert
....
བྱེ་ཐང་

le volcan
....
མེ་རི།

le château
....
ཕོ་བྲང་།

l'arc-en-ciel
....
འཇའ་ཚོན།

le champignon
....
ཤ་མོ།

le palmier
....
ཏ་ལའི་ཤིང་།

le moustique
....
དུག་སྦྲང་།

la mouche
....
སྦྲང་བུ།

les fourmis
....
གྲོག་མ།

l'abeille
....
བུང་བ།

l'araignée
....
སྡོམ།

le coléoptère

སྦུར་ཆུང་།

la grenouille

སྦྱལ་པ།

l'écureuil

ཐན་ལི།

le hérisson

རྣང་མོ།

le lièvre

རི་བོང་།

la chouette

འུག་པ།

l'oiseau

བྱ།

le cygne

ངང་དཀར།

le sanglier

ཕོ་ཡ།

le cerf

ཤ་བ།

l'élan

རྩ་མོང་ཤྭ་བ།

le barrage

ཆུ་རགས།

l'éolienne

རླུང་གི་འཕྲུལ་ཆས།

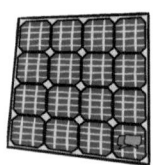

le panneau solaire

ཉི་མའི་གློགས་སྟོབས་ཚོགས་ཆས་ཆུང་།

le climat

ནམ་ཟླ།

le restaurant

ཟ་ཁང་།

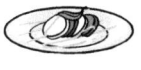

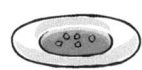

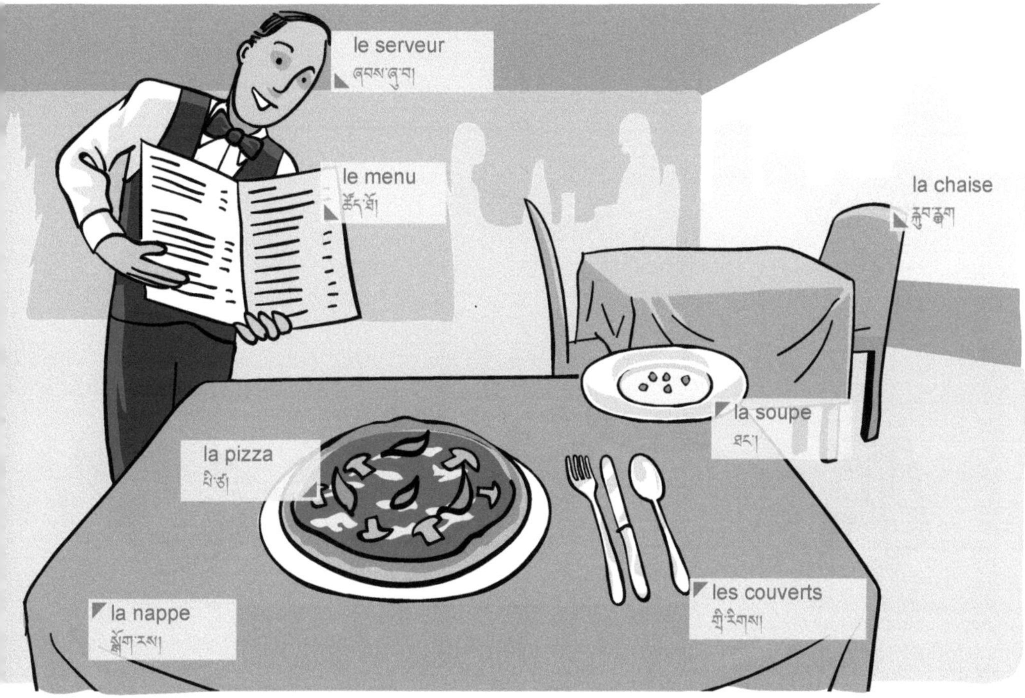
le serveur
ཞབས་ཞུ་བ།
le menu
ཚོད་ཐོ།
la chaise
རྐུབ་ཀྱག།
la soupe
ཐང་།
la pizza
ཕི་ཙ།
la nappe
སྒྲོག་རས།
les couverts
གྲི་རིགས།

les hors d'œuvre

ཟ་མ་དང་པོ།

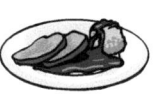

le plat principal

གཙོ་ཚལ།

le dessert

མངར་ཟས།

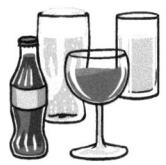

les boissons

འཐུང་བ།

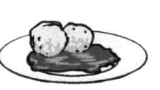

l'alimentation

ཁ་ལག།

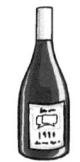

la bouteille

ཤེལ་དམ།

le fast-food

མགྱོགས་ཟས།

les plats à emporter

སྡུད་གི་ཟས་ཞིམ།

la théière

ཇ་དམ།

le sucrier

མངར་པོར།

la portion

དུམ་བུ།

la machine à expresso

ཙིག་ཇ་འཁྲུལ་ཆས།

la chaise haute

རྐང་མཐོ་རྐུབ་སྟེགས།

la facture

ཐོ་ཡིག

le plateau

སྙེད་ཁོལ།

le couteau

ཟ་གྲི།

la fourchette

ཟས་ཆེབ།

la cuillère

ཞིམ་བུ།

la cuillère à thé

ཐུར་མ།

la serviette

ལག་རས།

le verre

ཤེལ་པོར།

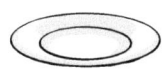

l'assiette
....
སྡེར་མ།

l'assiette à soupe
....
ཐང་ཕོར།

la soucoupe
....
སྡེར་དབྱིབས།

la sauce
....
སྤོད་རྫས།

la salière
....
ཚྭ་ཕོག

le moulin à poivre
....
གཡེར་མ་འཐག་འཁོར།

le vinaigre
....
ཚོད་།

l'huile
....
སྣུམ།

les épices
....
སྣ་ཚ།

le ketchup
....
ཞི་ཅུ་དག
    ०

la moutarde
....
སྨེ་ཐྲི།

la mayonnaise
....
སྒོང་སྨེར་ཚད།

le supermarché

སྣ་ཚོགས་ཁྲོམ་ར།

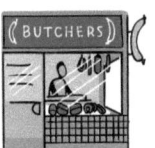

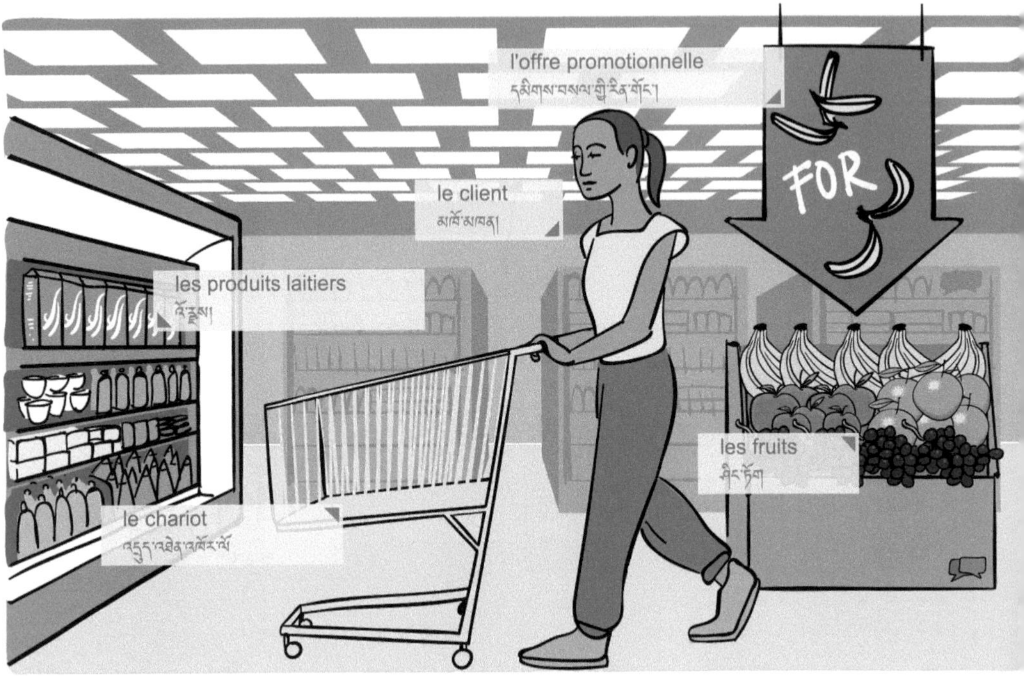
l'offre promotionnelle
དམིགས་བསལ་གྱི་རིན་གོང་།
FOR
le client
མགོ་མཁན།
les produits laitiers
འོ་རྫས།
les fruits
ཤིང་ཏོག
le chariot
འདྲུད་འཐེན་འཁོར་ལོ

BUTCHERS

la boucherie

བཤས་ཚོང་།

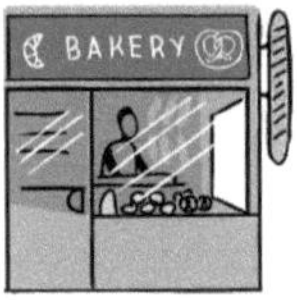
BAKERY

la boulangerie

བག་ལེབ་ལས་མཁན།

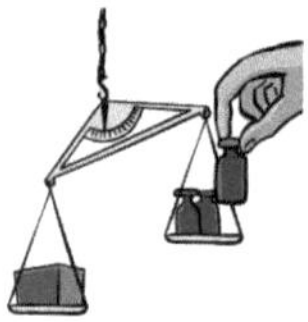

peser

ལྗིད་ཚད་འཕྱོགས་པ།

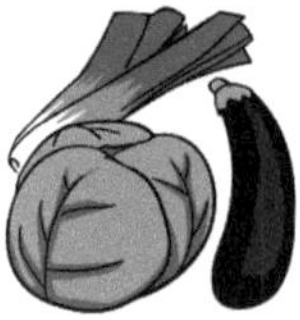

les légumes

ཚོད་མ།

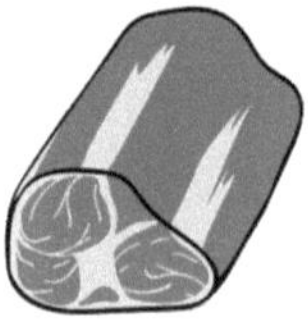

la viande

ཤ།

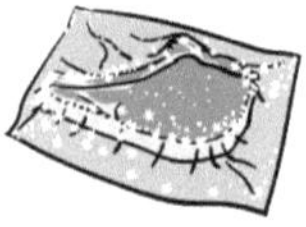

les aliments surgelés

འཁྱང་ཟས།

la charcuterie

ཤ་བགོས།

les conserves

ཀྱིན་བཙུབ་པའི་ཟ་མ།

la poudre à lessive

ཁྲུས་ཕུར།

les bonbons

མངར་ཟས།

les articles ménagers

ཁྱིམ་ཆས།

les détergents

ཕྱིན་རྫས་གཙང་མ།

la vendeuse

འཚོང་ཚོང་མཁན།

la caisse

དངུལ་སྒྲོམ།

le caissier

དངུལ་གཉེར།

la liste d'achats

དངོས་ཚོ་ཞིབ་ཁོ།

les heures d'ouverture

སྒོ་འབྱེད་དུས་ཚོད།

le portefeuille

དངུལ་ཁུག

la carte de crédit

ཡིད་རྟོན་བྱང་བུ།

le sac

ལག་མ།

le sac en plastique

འགྱིག་ཤོག

les boissons

འཐུང་བ།

l'eau

ཆུ།

le jus de fruit

ཤིང་ཏོག་ཁུ།

le lait

འོ་མ།

le coca

ཁ་ནའི།

le vin

རྒུན་ཆང་།

la bière

ཤྭ་ཆང་།

l'alcool

ཆང་རིགས།

le chocolat chaud

ཀོ་ཀོའི།

le thé

ཇ།

le café

ཁོ་ཕི་ཇ།

l'expresso

ཁོ་ཕི་ཇ།

le cappuccino

ཀ་པའུ་ཚི་ནོ།

la banane

དངས་ལག

la pomme

ཀུ་ཤུ།

l'orange

ཚ་ལུ་མ།

le melon

སྒ་ཚི་ག་གོན།

le citron.

ལེ་མོན།

la carotte

ལབ་སེར

l'ail

སྒོག་པ།

le bambou

སྤུག་མ།

l'oignon

ཙོང་།

le champignon

ཤ་མོ།

les noisettes

ཤུར་སྒོག་ས།

les pâtes

ཐུག་པ།

les spaghetti

རྒྱ་ཕྱེ།

le riz

འབྲས།

la salade

སྔོ་ཚལ།

les pommes frites

ཀྲི་པ་སི།

les pommes de terre rôties

ཡོངས་མ་བསྲེག་པ།

la pizza

ཕི་ཚ།

le hamburger

ཉེས་རྩུ་སྒོ།

le sandwich

བག་ལེབ་མཉམ་སྦྱོ་ཅི།

l'escalope

ཤ་ཏིག་གཤོགས།

le jambon

ཕག་ཤ་དུངས།

le salami

ཤ་ལ་མི།

la saucisse

རྒྱུ་མ།

le poulet

བྱ་ཤ།

le rôti

བསྲེག་པ།

le poisson

ཉ།

les flocons d'avoine

ཡུ་གུ།

le muesli

སྐྱོ་ཅི་ལི།

les cornflakes

ཨ་སྟོས་ལེབ་སྟོ།

la farine

ཕྱེ་མ།

le croissant

སྦྲང་རུ།

les petits-pains

བག་ལེབ།

le pain

བག་ལེབ།

le pain grillé

བག་ལེབ་ཏིག་གཟོགས་སྲེག་མ།

les biscuits

སྣུམ་སྟོབ

le beurre

མར།

le fromage blanc

ཆོ།

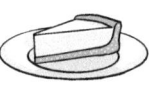

le gâteau

བག་ལེབ་སྟོབ་སྟོབ།

l'œuf

སྒོང་ང་།

l'œuf au plat

སྒོ་ང་བརྗེ་བ།

le fromage

ཕྱུར་བ།

la glace

འཁྱགས་ཞོ།

le sucre

ཉེ་མ་ཀ་ར།

le miel

སྦྲང་རྩི།

la confiture

སྤྲི་སྨན།

la crème nougat

ཚོག་པི་ཅད།

le curry

སྨ་སོ་ར།

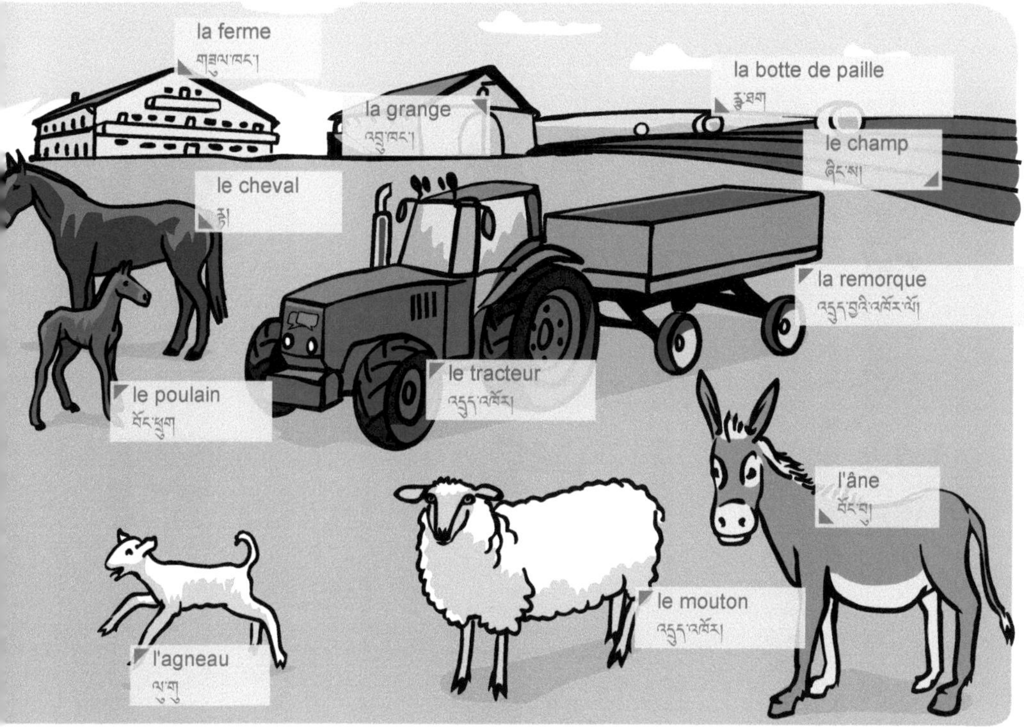

la ferme
གཞིས་ཁང་།

la grange
འབྲུ་ཁང་།

la botte de paille
རྩྭ་ཐག

le champ
ཞིང་ས།

le cheval
རྟ།

le poulain
རྟ་ཕྲུག

le tracteur
འདྲུད་འཁོར།

la remorque
འདྲུད་ཕྱིའི་འཁོར་ལོ།

l'âne
བོང་བུ།

le mouton
འདྲུད་འཁོར།

l'agneau
ལུག

le porc
ཕག

la chèvre
ར་མ།

la vache
བ་མོ།

le veau
བེའུ།

le porc
ཕག

le porcelet
ཕག་ཕྲུག

le taureau
གླང་།

l'oie

དང་པ།

le canard

བྱ་གག

le poussin

བྱིའུ་ཕྲུག

la poule

བྱ་མོ།

le coq

བྱ་ཕོ།

le rat

བྱི་བ།

le chat

ཞི་མི།

la souris

ས་བྱི་ལིག

le bœuf

བ་གླང་།

le chien

ཁྱི།

le chenil

ཁྱི་ཁང་།

le tuyau de jardin

མེ་ཏོག་ལྗང་ས་རབ་ཁང་པ།

l'arrosoir

ཆུ་འཛིན་པའི་ལྕགས་ཊིག

la faucheuse

རྩོར་བ།

la charrue

ཐོང་གཤོལ།

la ferme - ཞིང་ར།

la faucille

ཟོར་བ།

la pioche

འཆོང་།

la fourche

རྐྱལ་སྐས་ཀྱི་ལག་དབྱུག

la hache

སྟ་རེ།

la brouette

འཆོར་ལོ་གཅིག་མ།

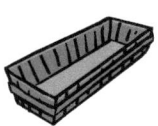

la cuve

དབང་མ།

le pot à lait

འོ་མོ།

le sac

སྦོ་ལྷུག

la clôture

ར་བ།

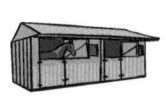

l'étable

བཙུན་ཕོ།

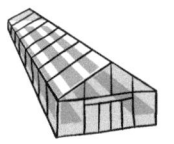

le serre

རྡོག་ཁང་།

le sol

ས།

les semences

འབྲུ།

l'engrais

ཚི་ལུད།

la moissonneuse-batteuse

མཉམ་བསྡུ་འབྲུབ་འབོར།

récolter

སྟོན་པ་བསྡུ་བ།

la récolte

སྟོན་འབབ།

l'igname

རི་སྒུན།

le blé

འབྲུ།

le soja

ཐང་ཡུས།

la pomme de terre

ཡོང་མ།

le maïs

མ་མྲོས་ལོ་ཏོག

le colza

ཡུངས་དཀར་འབྲུ།

l'arbre fruitier

ཤིང་སྟོང་།

le manioc

ཞོག་ལྦོག་མངར་མོ།

les céréales

འབྲུ་རིགས།

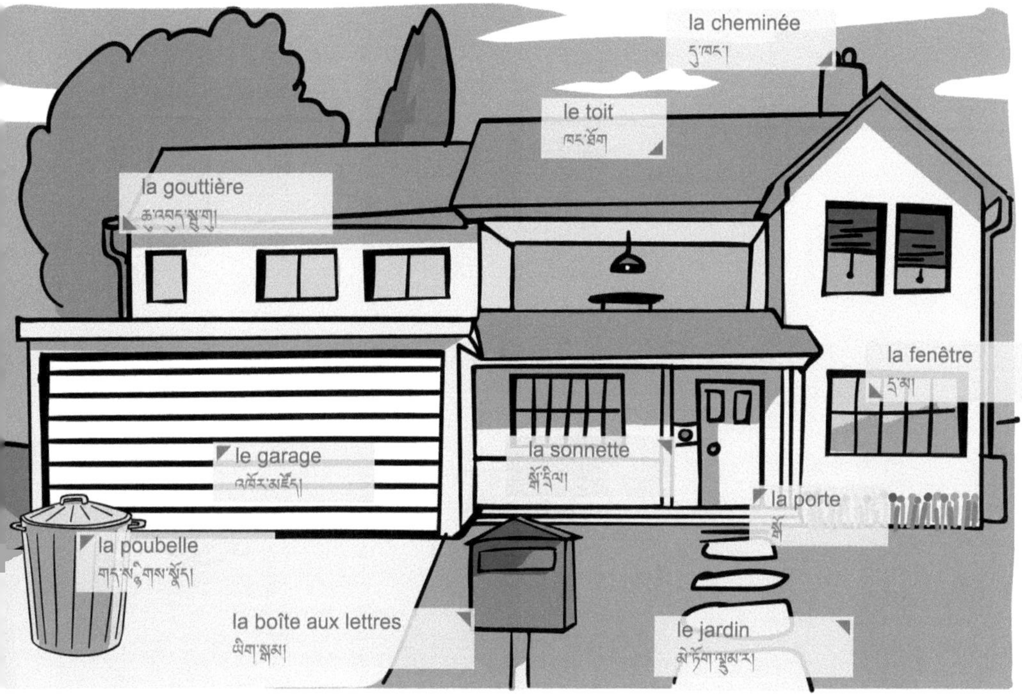

la cheminée
དུ་ཁང་།

le toit
ཁང་ཐོག

la gouttière
ཆུ་འབབ་སྐུད་ག

la fenêtre
དྲ་མ།

le garage
འཁོར་མ་འཇོག

la sonnette
སྒོ་རྡིག

la poubelle
གད་སྙིགས་སྣོད།

la porte
སྒོ།

la boîte aux lettres
ཡིག་སྒྲོམ།

le jardin
མེ་ཏོག་ལྡུམ་ར།

la sonnette

le salon
སྟོད་ཁང་།

la salle de bain
འཁྲུས་ཁང་།

la cuisine
ཐབ་ཚང་།

la chambre à coucher
ཉལ་ཁང་།

la chambre d'enfant
ཕྲུག་པའི་ཁང་པ།

la salle à manger
ཟ་ལག་ཟ་ས།

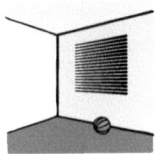

le sol

པང་གཅལ།

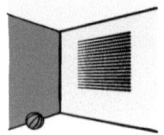

le mur

གྱང་།

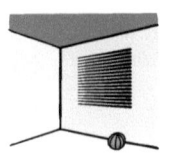

le plafond

གནས་གཅལ།

la cave

ས་འོག

le sauna

ཆུ་རྒྱས་ཁུག

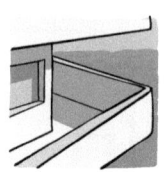

le balcon

འདྲེན་གཡབ།

la terrasse

སྐས་ཞིང་།

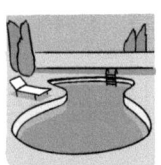

la piscine

རྫིང་བུ།

la tondeuse à gazon

རྩྭ་འབྲེག་འཕྲུལ།

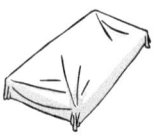

la housse

ལེབ་ཤོ།

la couette

ཉལ་ཁྲིའི་ཁེབས།

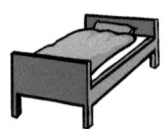

le lit

ཉལ་ཁྲི།

le balai

ཕྱགས་མ།

le sceau

ལ་ཅགས་ཟེམ།

l'interrupteur

མཐེབ་གཟར།

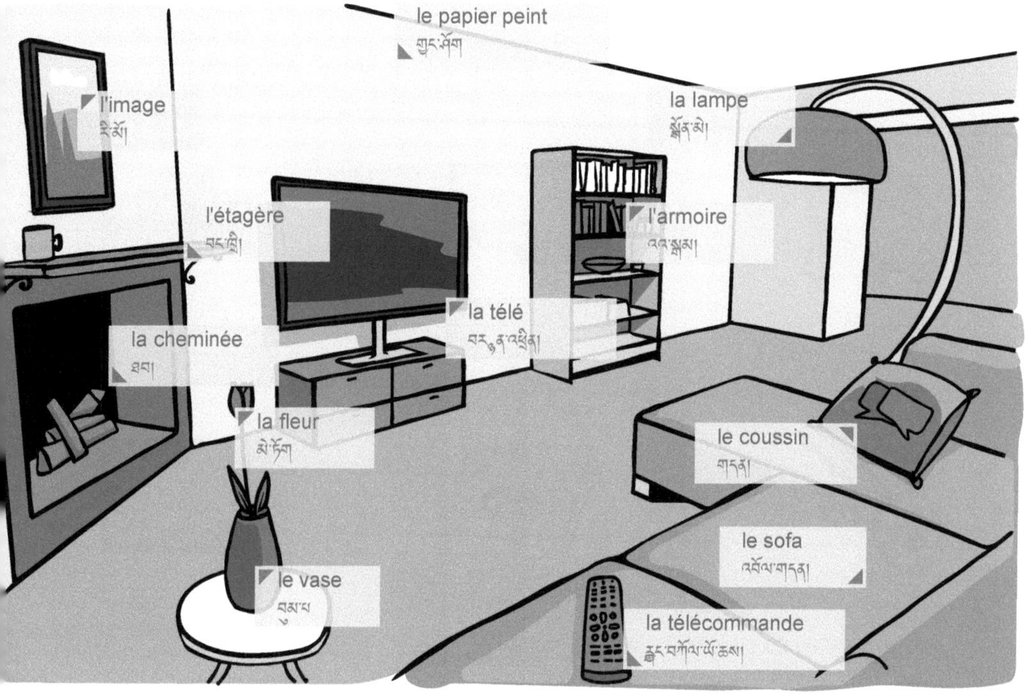

le papier peint
གྱང་ཤོག

l'image
རི་མོ།

la lampe
སྣོན་མེ།

l'étagère
བང་ཁྲི།

l'armoire
འལ་སྒྲོམ།

la cheminée
ཐབ།

la télé
བརྙན་འཕྲིན།

la fleur
མེ་ཏོག

le coussin
གདན།

le vase
བུམ་པ།

le sofa
འབོལ་གདན།

la télécommande
རྒྱང་བཀོལ་ལོ་ཚབ།

le tapis
ས་གདན།

le rideau
ཡོལ་བ།

la table
ཅོག་ཙེ།

la chaise
རྐུབ་ཀྱག

la chaise à bascule
འལ་ཕྱོགས་འགུལ་རྐུབ་སྟེགས།

le fauteuil
རྐུབ་ཀྱག་ལག་འཛིན་ཅན།

le livre

དཔེ་དེབ།

la couverture

ཉལ་ཐུལ།

la décoration

རྒྱན་བཀོད།

le bois de chauffage

མེ་ཤིང་།

le film

གློག་བརྙན།

la chaîne hi-fi

བསྒྲགས་བསྒྲགས་སྒྲ་ཆས།

la clé

ལྡེ་མིག

le journal

གསར་ཤོག

la peinture

ཚོན་བྲིས།

le poster

གསར་བསྒྲགས་སྤྱུར་ཡིག

la radio

རྒྱང་ཐོས།

le bloc-notes

ཟིན་བྲིས།

l'aspirateur

རྡུལ་ཕྱགས།

le cactus

རྒྱ་ཤིང་།

la bougie

ཡང་ལ།

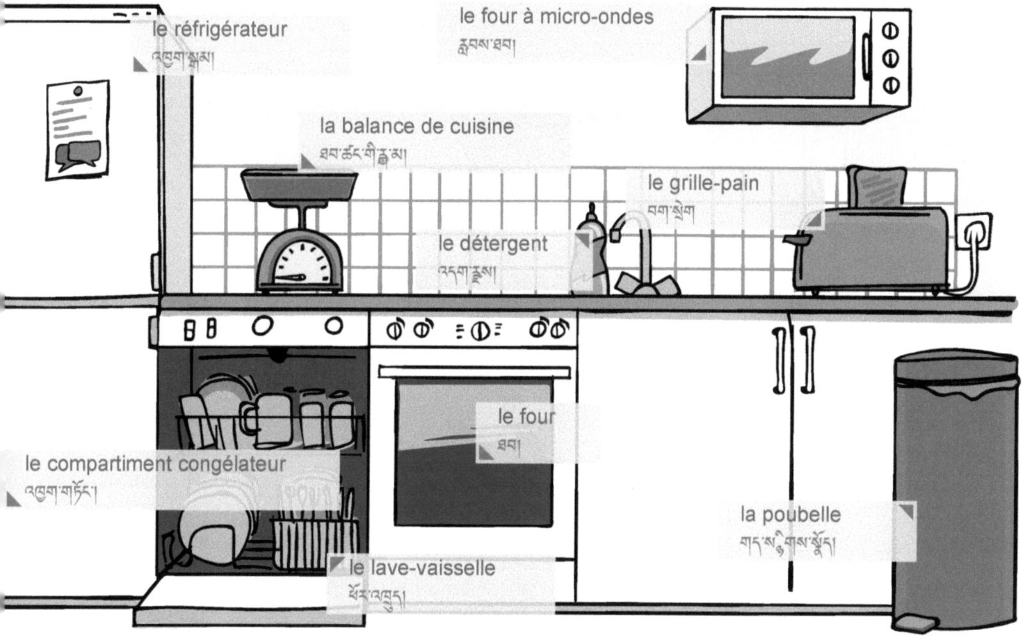

le réfrigérateur
འཁྱག་སྒམ།

le four à micro-ondes
རླུང་འཕྲུལ་ཐབ།

la balance de cuisine
ཐབ་ཚང་གི་རྒྱ་མ།

le grille-pain
བག་ལེབ།

le détergent
འདག་རྫས།

le compartiment congélateur
འཁྱག་གཏོང་།

le four
ཐབ།

la poubelle
གད་སྙིགས་གསོག་སྣོད།

le lave-vaisselle
ཕོར་འཁྲུད།

le four

དཔགས་རྫིག

la casserole

ཇ་འབག

la marmite

ལྕགས་ཆས་ཟངས།

le wok / kadai

སྐྱོང་།

la poêle

ཚོད་སྐྱོང་།

la bouilloire electrique

ཇ་ཕྱིས།

le cuiseur vapeur

སྨོག་སྤུ།

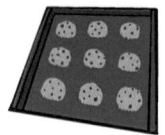

la plaque de cuisson

བསྲེགས་སྟེར།

la vaisselle

རྐུ་ཆས།

le gobelet

གོ་རེ།

la coupe

ཕོར་པ།

les baguettes

ཐུར་མ།

la louche

གཟར་བ།

la spatule

སྒྱེ།

le fouet

དཀྲུག་ཐུར།

la passoire

ཚགས་སློག་ས།

le tamis

ཚགས་ཀྲ།

la râpe

ཞིབ་འཕྲུག་འཕྱལ་འཕྲོར།

le mortier

སྨོག་ཅིར།

le barbecue

ཁ་བསྲེགས།

la cheminée

མེ་སྒོལས།

la planche à découper

le rouleau à pâtisserie

ཞིབ་ཤིང་།

le tire-bouchon

ཁུ་བ་བཏོལ།

la boîte

ལྕགས་ཀྱིན།

l'ouvre-boîte

ལྕགས་ཀྱིན་ལ་འབྱེད་ཆས།

les maniques

ཕོ་སྐྱོབ།

le lavabo

ཆུ་ཤུར།

la brosse

སྐུ་ཤད།

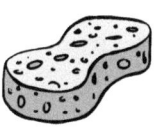

l'éponge

འགྱིག་སྤོབ

le mixeur

སྤུ་དཀྲུག་འཕྲུལ་འཁོར།

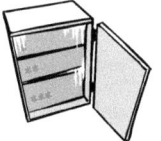

le congélateur

འཁྱག་ཟབ་འཕྲུལ་འཁོར།

le biberon

ཕྱིས་པའི་ནུ་ར།

le robinet

ཆུ་བྱུ།

la salle de bain

འཁྲུས་ཁང་།

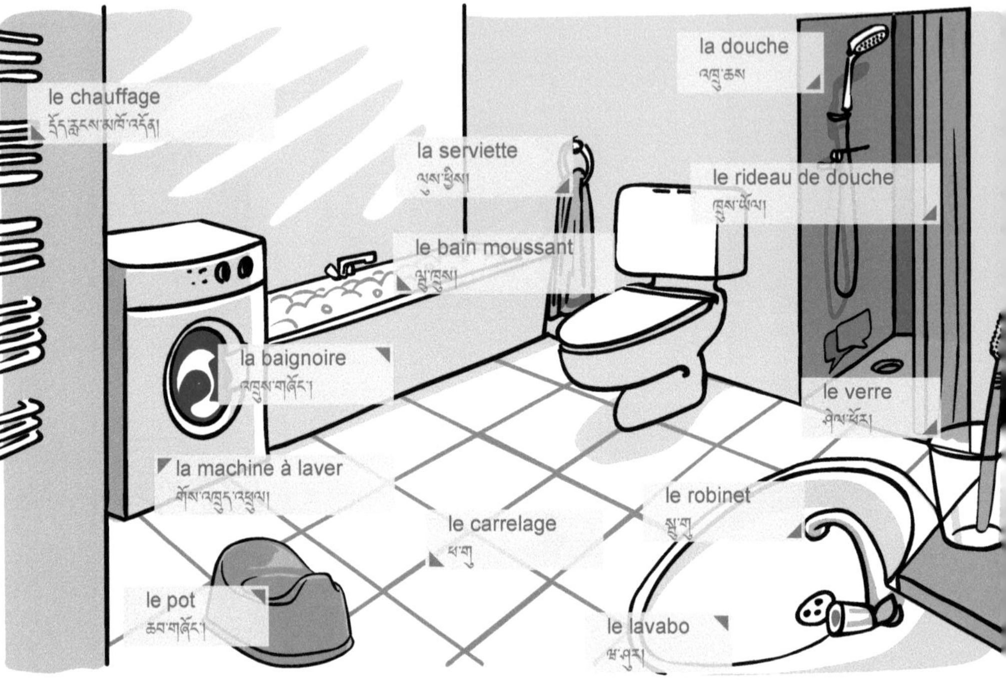

la douche
འཁྲུ་ཆས།

le chauffage
རོ་རྫས་མགོ་འདོན།

la serviette
ལུས་ཕྱིས།

le rideau de douche
ཁྲུས་ཡོལ།

le bain moussant
ལྦུ་ཁྲུས།

la baignoire
འཁྲུས་གཞོང་།

le verre
ཤེལ་ཕོར།

la machine à laver
གོས་འཁྲུད་འཕྲུལ།

le robinet
ཆུ་ལྡེ།

le carrelage
ཕ་གུ།

le pot
ཆབ་གཞོང་།

le lavabo
ཆུ་ཕོར།

les toilettes

འདུག་སྤྱོད་ཆབ་གཞོང་།

la toilette à la turque

གསང་སྤྱོད།

le bidet

འཁྲུས་གཞོང་།

l'urinoir

གཅིན་གཏོང་ཆས།

le papier toilette

གསང་ཤོག

la brosse à toilette

གསང་སྤྱོད་ཤིང་།

la brosse à dents

le dentifrice

ས་སྨུ།

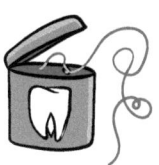

le fil dentaire

ས་སྨུད།

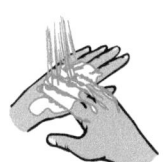

laver

བཀྲུ་བ།

la douche manuelle

ལག་ཏུ་བཟུང་བའི་འཁྲུ་ཆས།

la douche intime

ཁྲུས།

la vasque

གཟོང་པ།

la brosse dorsale

རྒྱབ་ཕད།

le savon

སྦོས་ཆལ།

le gel douche

ཁྲུས་རྫི་མ།

le shampooing

སྐྲ་འཁྲུད་རྫི་བ།

le gant de toilette

ཕྱུ་ལན་སྐྱུ།

l'écoulement

ཆུ་གཏོང་བ།

la crème

སྐུ་སྨུ།

le déodorant

དྲི་ཞིམ།

le miroir

མེ་ལོང་།

le miroir cosmétique

མེ་ལོང་།

le rasoir

སྤུར་བཞར།

la mousse à raser

བཞར་བའི་སྦུམ།

l'après-rasage

ཁ་སྤུ་བཞར་རྗེས།

la peigne

སོ་མང་།

la brosse

འགད།

le sèche-cheveux

རླུང་འབུད་འཕྲུལ་འཁོར།

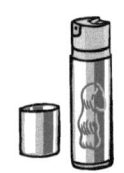

la laque pour cheveux

འབྱིག་སྨན།

le fond de teint

རྒྱུ་རྩི་རས།

le rouge à lèvres

མཆུ་རྒྱན།

le vernis à ongles

སེན་རྒྱན།

l'ouate

བལ་ཐུམ།

le coupe-ongles

སེན་ཆག

le parfum

རྩི་དྲི་ཞིམ།

la trousse de toilette

འཁྲུས་ཁུག

le tabouret

བཞད་ལ་ཚི་རོ་ར་བ།

le pèse-personne

ལྗུས་ཀྱི།

le peignoir

འཁྲུས་གོས།

les gants de nettoyage

འགྱིག་སྤྱིན་ལག་ཕུབས།

le tampon

སྨྱུད་འིབས།

es serviettes hygiéniques

རྙེན་ཤོག

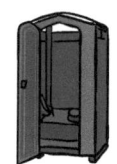

la toilette chimique

རྫས་འགྱུར་གསང་སྤྱོད།

la chambre d'enfant

ཕྲུག་པའི་ཁང་པ།

le réveil
དྲིལ་བརྡ་ཆུ་ཚོད།

le doudou
བལ་སྟུད་རྫེད་ཆས།

la voiture jouet
རྩེད་ཆས་རླུང་འཁོར།

le hochet
གླུག་ཆོར།

la maison de poupée
རས་ཁོ་ལོའི་ཁང་ཆུང་།

le cadeau
ལག་སྟེས།

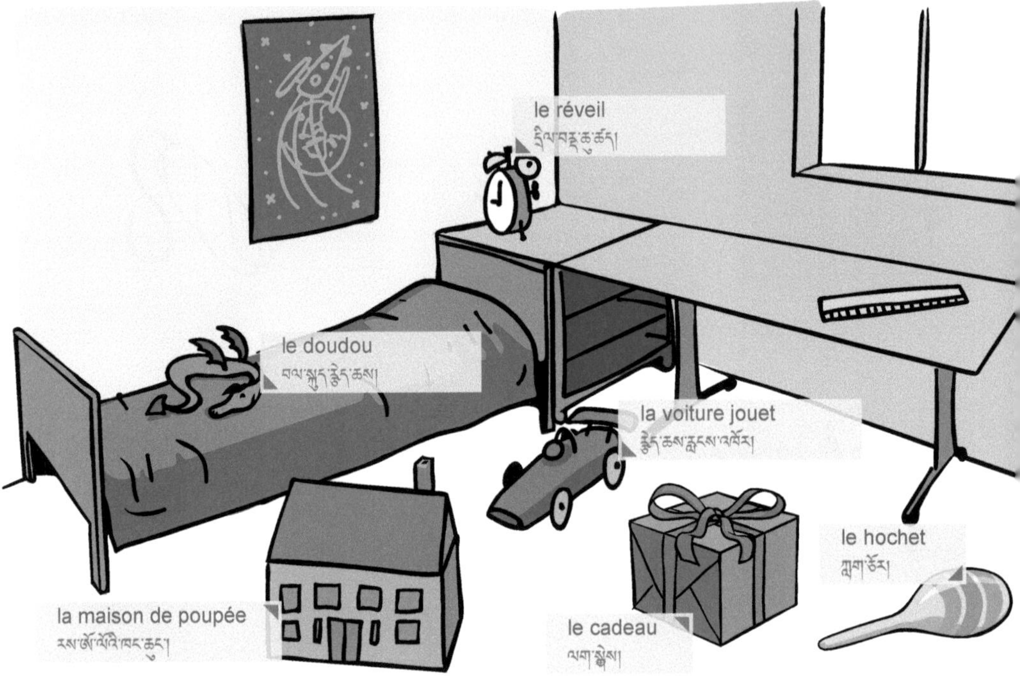

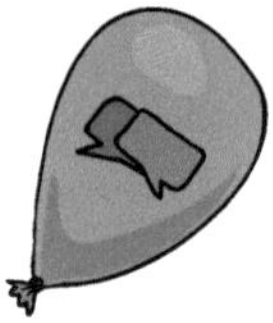

le ballon
དབུགས་སྣུང་།

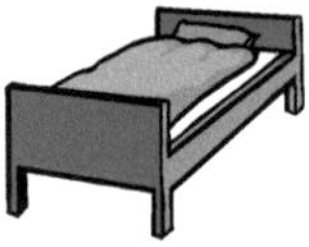

le lit
ཉལ་ཁྲི།

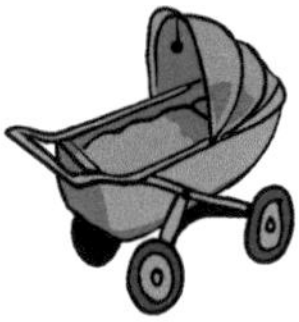

la poussette
ཕྲུག་པའི་འཁོགས་འབོར།

le jeu de cartes
ཤོག་སྒུག

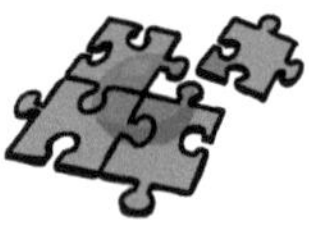

le puzzle
རིས་བསྒྲིག་རྩེད་ཆས།

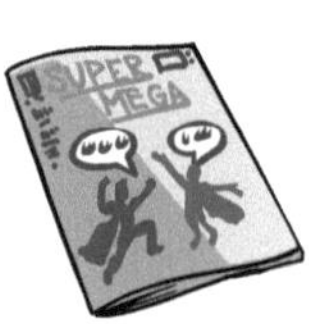

la bande dessinée
སྒྲུང་འབྲེལ་རི་མོ།

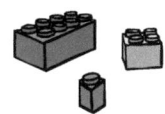

les pièces lego

ལེ་གོ།

les blocs de construction

བརྩིག་ཤིང་།

la figurine

དགྲ་བོའི་འགྱུར་འཕྲུལ་མི།

la grenouillère

ཕྲུག་རྡུར་སོ་ན།

le frisbee

འཕར་སྒྱུར།

le mobile

སྐྱལ་བདེའི་རྣམ་པ།

le jeu de société

ཕྱོག་མཛེས་ཀྱི་རོལ་རྩེད།

le dé

སོ་རྩེད།

le train miniature

དཔེ་བཀྲེས་མེ་འཁོར།

la sucette

རྫུས་མ།

la fête

འདུ་ཚོགས།

le livre d'images

རི་མོའི་དཔེ་དེབ།

la balle

པོ་ལོང་།

la poupée

རས་ཚོ་ལོ།

jouer

རྩེད་མོ་རྩེ།

le bac à sable

བྱེ་རྡོལ།

la balançoire

འཕྱང་རྩེད།

les jouets

རྩེད་ཆས།

la console de jeu

རྩེད་འཕྲུལ།

le tricycle

འཁོར་གསུམ་འཁོར་ལོ།

l'ours en peluche

ཐའེ་ཏི་ཡི་ཞུང་།

l'armoire

གོས་སྒམ།

les chaussettes

རྐང་ཤུབས།

les bas

ཞབས་མ་ལ།

le collant

རྐང་ཤུབས།

l'écharpe
སྐེ་དཀྲིས།

le parapluie
གདུགས།

le t-shirt
སྟོད་ཐུང་།

la ceinture
རྐེད་ཆས།

les bottes
ལྷམ།

les baskets
རྩེད་སྦྱོང་གྱོན་ཆས།

les pantoufles
བསིལ་ལྷམ།

les sandales
འདུད་ལྷམ།

les chaussures
ལྷམ།

les bottes de caoutchouc
འགྱིག་ལྷམ།

les sous-vêtements
ཨང་རག

le soutien-gorge
ནུད་ཁེབས།

le maillot de corps
རྒྱབ་ཡོལ།

les vêtements - གྱོན་ཆས། 45

le body

न्'र्हेदे'र्वेन्'ळस्।

le pantalon

ङूद'र्ठे।

le jean

वहैव।

la jupe

ञ्चन'वस्।

le chemisier

वॅव'वहुव।

la chemise

ञ्चॅन'वहुन।

le pull

वस्'वॅस्।

le sweat à capuche

ण्'स्य।

la veste

ङूद'वॅस'ञ्चॅन'ये।

la veste

ङ्ग'वो'ये।

le manteau

ञ्चॅन'वॅस।

l'imperméable

ळस'वॅस।

le costume

ग्र्वॅन'ळस्।

la robe

ग्र्वॅन'वॅस।

la robe de mariée

वव'वॅस।

le costume

དུག་སློག

la chemise de nuit

ས་ལ་གོས།

le pyjama

ཉལ་གོས།

le sari

ས་རི།

le foulard

མགོ་དགྱིས།

le turban

བོད་དགྱིས།

la burqa

ཚོག་ཡུག

le caftan

ཀ་སྟུ་ཐན།

l'abaya

ཨ་བ་ཡ།

le maillot de bain

རྒྱལ་གོས།

le maillot de bain

ཁྲུས་གོས།

le short

དོར་ཐུང་།

la tenue d'entraînement

ལུས་རྩལ་གྱོན་ཆས།

le tablier

པང་གདན།

les gants

ལག་ཤུབས།

le bouton

སྐྲག་གུ།

les lunettes

མིག་ཤེལ།

le bracelet

ལག་གདུབ།

le collier

སྐེ་ཆ།

la bague

མཛུབ་ཁེབས།

la boucle d'oreille

རྣ་ལོང་།

le bonnet

ཞྭ།

le cintre

གོས་དྲང་།

le chapeau

གས་ཞྭ།

la cravate

གོང་དཀྲིས།

la fermeture éclair

འཛིན་སྒྲོག

le casque

རྨོག

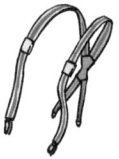

les bretelles

དཔུང་ཐག

l'uniforme scolaire

སློབ་གོས།

l'uniforme

སྐྲག་ཆས།

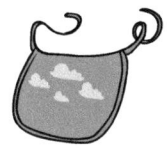

le bavoir

ལྷ་ཁེབས།

la sucette

རྣུས་མ།

la lange

ཆུ་གདན།

le bureau

ལས་ཁངས།

le serveur
གསབ་ལེན་པ།
l'armoire d'archivage
ཡིག་ཆའི་སྒམ།
l'imprimante
ཡིག་དཔར་ཆས།
le papier
ཤོག་བུ།
l'écran
འཆར་ཤེལ།
le bureau
ཅོག་ཙེ།
la souris
ཙིག་པར་ཉན།
le classeur
ཡིག་ཁུག
le clavier
འཐེབ་གནོན།
la corbeille à papier
གད་སྙིགས་སྣོད།
l'ordinateur
གློག་ཀླད།
la chaise
རྐུབ་ཀྱག

la tasse de café

ཆིག་ཇ་ཀོ་རེ།

la calculatrice

ཨང་རྩིས་འཕྲུལ་བྱད།

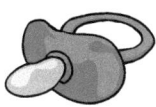

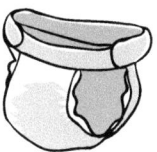

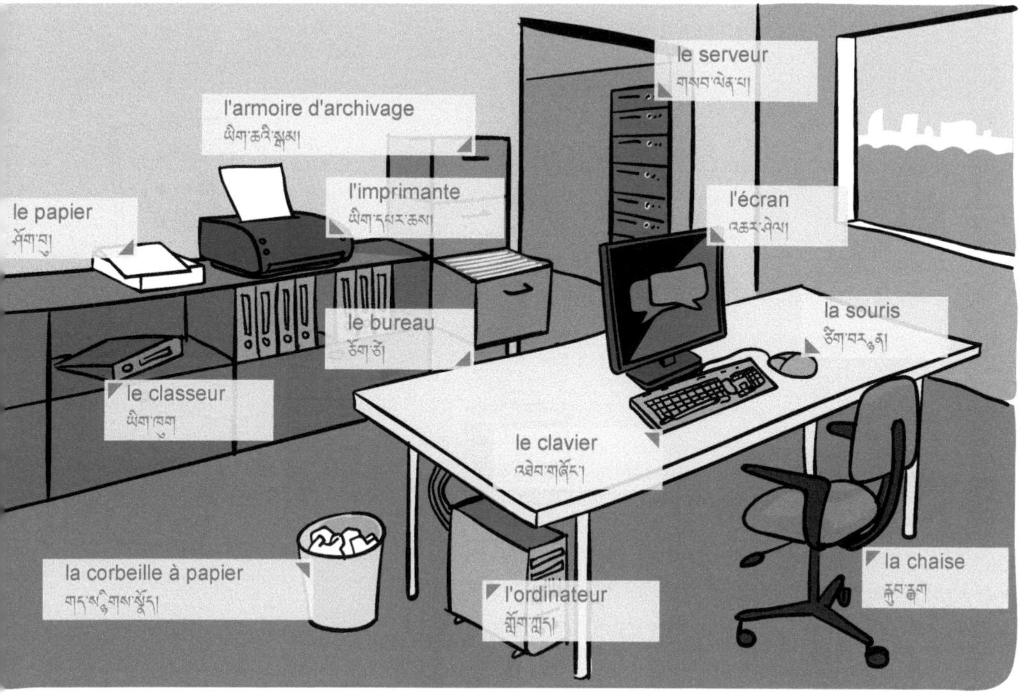

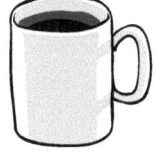

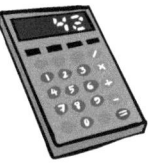

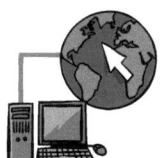

l'internet

དྲ་རྒྱ།

l'ordinateur portable

ལག་འཁྱེར་སྒློག་ཀླད།

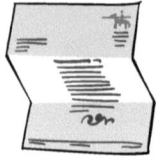

la lettre

ཡི་གེ

le message

འཕྲིན་ཐུང་།

le portable

ལག་འཁྱེར་ཁ་པར།

le réseau

དྲ་ལམ།

la photocopieuse

བཤུར་དཔར་ཚང་།

le logiciel

མཉེན་ཆས།

le téléphone

ཁ་པར།

la prise

སྐུར་གདན།

le fax

རྒྱུང་འཕྲིན།

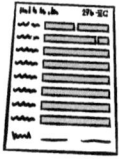

le formulaire

རེའུ་མིག

le document

ཡིག་ཆ།

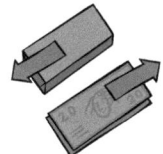

acheter

ཉོ།

payer

དངུལ་སྤྲོད་པ།

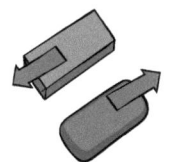

faire du commerce

ཚོང་རྒྱག་པ།

la monnaie

སྒོར་མོ།

USD

le dollar

ཨ་སྒོར།

EUR

l'euro

ཨུ་སྒོར།

JPY

le yen

ཡེན་གོར།

RUB

le rouble

རུབ་སྒྲེལ།

CHF

le franc suisse

སུད་ཙིར་གྱི་ཧྥ་རན་སིའི་སྒོར་མོ།

CNY

le renminbi yuan

རྒྱ་ནག་གི་སྒོར་མོ།

INR

la roupie

ལུའ་པི།

le distributeur automatique

ལག་དངུལ་གྱི་གནས།

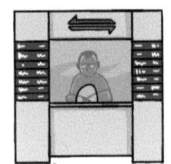

le bureau de change

བརྗེ་འགྱུར་ལས་ཁུངས།

l'or

གསེར།

l'argent

དངུལ།

le pétrole

སྣུམ།

l'énergie

ནུས་ཤུགས།

le prix

རིན་གོང་།

le contrat

གན་རྒྱ།

la taxe

དཔྱ་ཁྲལ།

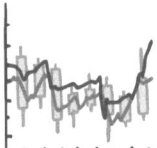

l'action

ཚོང་ཤོག

travailler

ལས་ཀ་བྱེད་པ།

l'employé

ལས་བྱེད་པ།

l'employeur

ལས་ཀ་སྤྲོད་མཁན།

l'usine

བཟོ་གྲྭ།

le magasin

ཚོང་ཁང་།

les professions

ལས་རིགས།

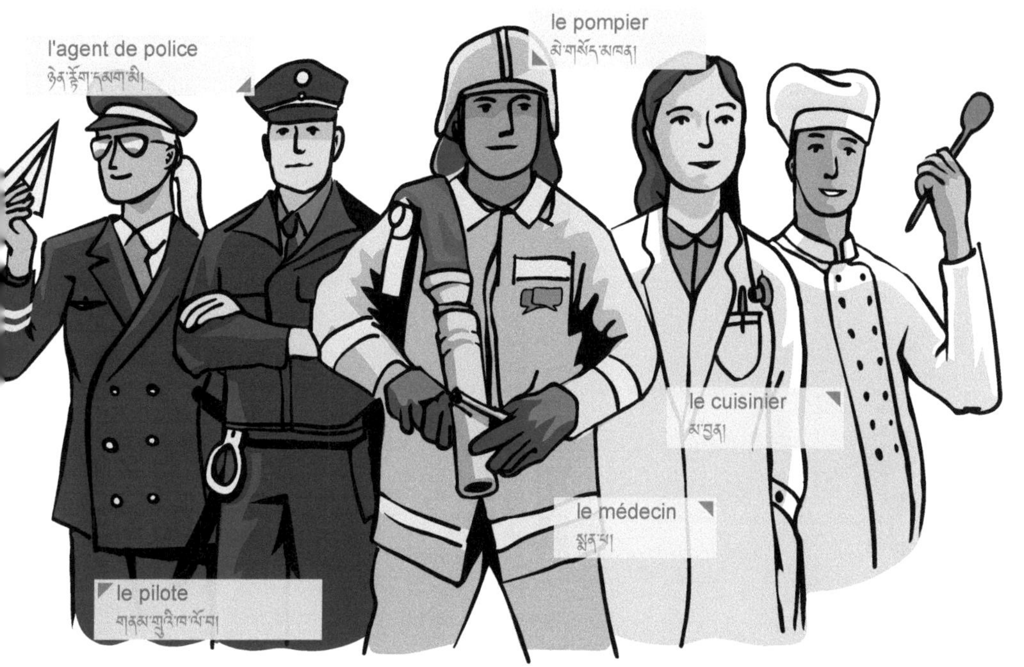
l'agent de police
ཉེན་རྟོག་དམག་མི།
le pompier
མེ་གསོད་མཁན།
le cuisinier
མ་བྱན།
le médecin
སྨན་པ།
le pilote
གནམ་གྲུའི་ཁ་ལོ་བ།

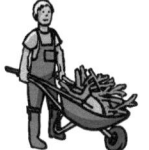

le jardinier

ལྡུམ་ར་བ།

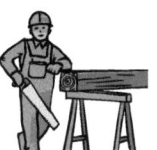

le menuisier

ཤིང་བཟོ་བ།

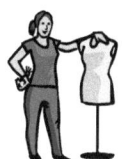

la couturière

ཚེམ་མཁན་མ།

le juge

ཁྲིམས་དཔོན།

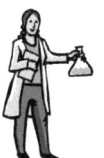

le chimiste

རྫས་སྦྱོར་མཁས་པ།

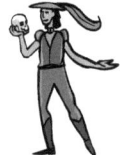

l'acteur

གློག་བརྙན་འཁྲབ་སྟོན་པ།

le conducteur de bus

ཁ་ལོ་བ།

le chauffeur de taxi

སྐྱ་ཆུག་རྐང་འཁོར་ཁ་ལོ་བ།

le pêcheur

ཉ་པ།

la femme de ménage

གཙང་སྦྲ་བྱེད་མཁན།

le couvreur

ཁང་ཐོག་བཟོ་མཁན།

le serveur

ཞབས་ཞུ་བ།

le chasseur

རྔོན་པ།

le peintre

ཚོན་རྩི་གཏོང་མཁན།

le boulanger

བག་ལེབ་ལས་མཁན།

l'électricien

གློག་བཟོ་མཁན།

l'ouvrier

ཨར་ལས་པ།

l'ingénieur

ཨར་ལས་འཆར་འགོད་པ།

le boucher

བཤན་པ།

le plombier

ཆུ་ལམ་བཟོ་སྐྲུག་པ།

le facteur

ཡིག་སྐྱེལ་བ།

le soldat

དམག་མི།

l'architecte

ཨར་ལས་པ།

le caissier

དངུལ་གཉེར།

le fleuriste

མེ་གགས་འཚོང་མཁན།

le coiffeur

སྐྲ་བཟོ་མཁན།

le contrôleur

སྐུ་འདྲེན།

le mécanicien

བཟོ་ལས་པ།

le capitaine

འགོ་ཁྲིད།

le dentiste

སོའི་སྨན་པ།

le scientifique

ཚན་རིག་པ།

le rabbin

འཇིད་སློབ་དཔོན།

l'imam

ཨི་མམ།

le moine

གྲྭ་པ།

le prêtre

ཆོས་དོན་གཉེར་མཁན།

le marteau
ཐོ་བ།

les pinces
འཛིན་བྱེད་སྐམ་པ།

le tournevis
གཏུས་གཞེར་སྐྱིས་བྱེད།

la clé
གཏུས་གཞེར་སྐྱིས་བྱེད་སྐམ་པ།

la torche
དཔལ་འབར།

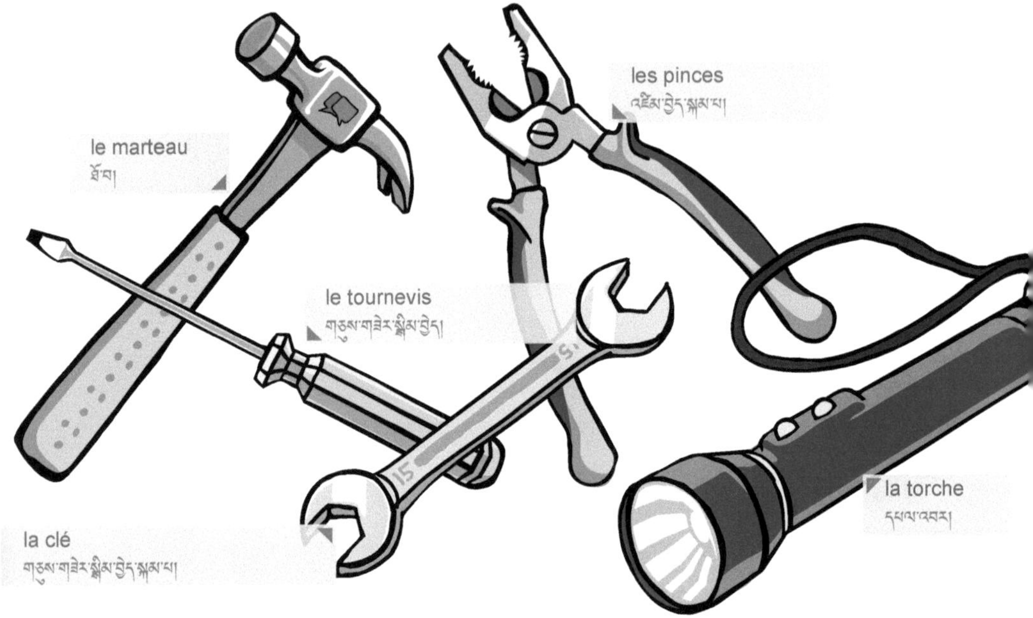

la pelleteuse
ཕྱོག་མ་ལགས།

la boîte à outils
སློང་ཆས་སྐམ།

l'échelle
འཛེགས་སྐས།

la scie
སོག་ལེ།

les clous
ལྕགས་གཟེར།

la perceuse
འབིགས་གཏོར་འཕྲལ་འཕོར།

 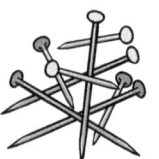 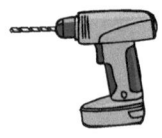

réparer

བཟོ་བཅོས་རྒྱག་པ།

la pelle

སྐུག་མ།

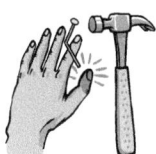

Mince !

ཨ་མའི་ག

la pelle

གད་གཙིགགས་གཡགགས་བྱེད་ལྕགས།

le pot de peinture

ཚོན་ཐོ།

les vis

གཏུན་གཟེར།

---

les instruments de musique

རོལ་ཆས།

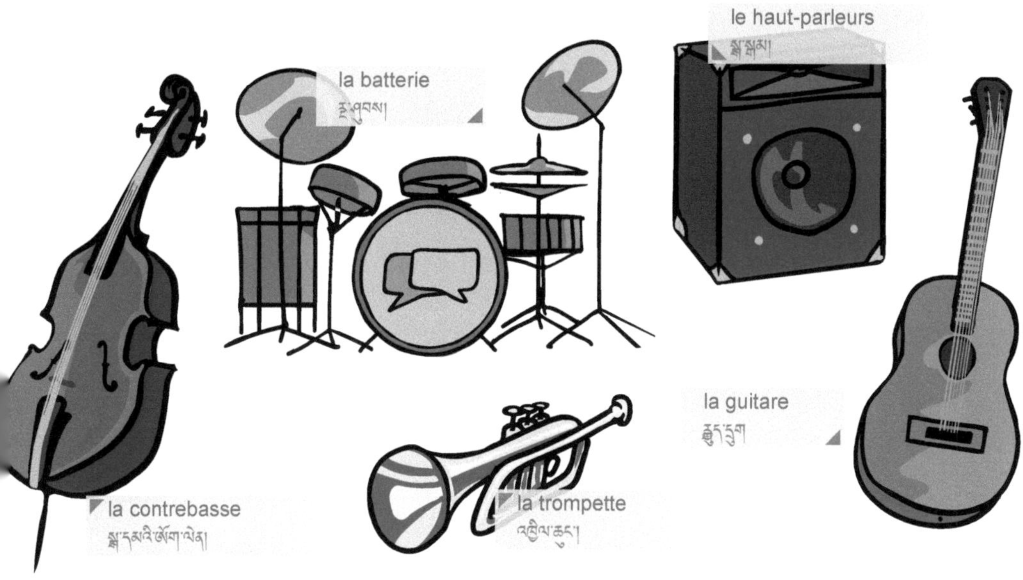

la batterie
རྔ་ཤུབས།

le haut-parleurs
སྒྲ་སྒྲོག

la contrebasse
སྒྲ་དམའི་ཨོག་ལེན།

la trompette
འབུད་ལ་ཆུང་།

la guitare
རྒྱུད་རྡུང་།

le piano

རྡོ་སྙེན།

le violon

འདེགས་ཆ་དང་།

la basse

སྐྲ་གདངས་དམའ་བ།

les timbales

སྐྲ་སློག་རྡ་བ།

le tambour

རྔ།

le piano électrique

མཐེབ་གནོན།

le saxophone

ཕྱག་ལིན་ཆེ།

la flûte

འཕྲེད་གླིང་།

le microphone

སྐད་སྒྲོག

le zoo

གཅན་གཟིག་ཁང་།

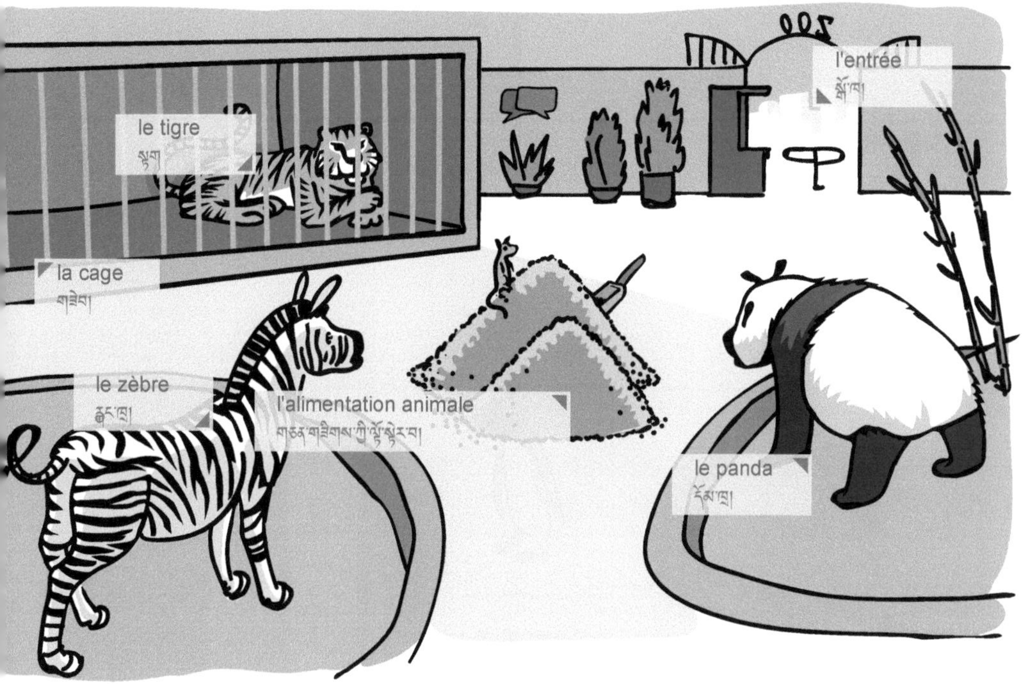

l'entrée
སྒོ་ཁ།
le tigre
སྟག
la cage
གཟེབ།
le zèbre
རྐྱང་ཁྲ།
l'alimentation animale
གཅན་གཟིགས་ཀྱི་ལྟོ་སྙེར་བ།
le panda
དོམ་ཁྲ།

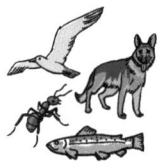

les animaux
སྲོག་ཆགས

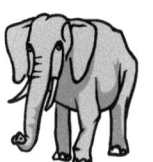

l'éléphant
གླང་ཆེན།

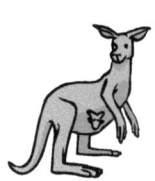

le kangourou
ཀྒ་རུ།

le rhinocéros
བསེ་རུ།

le gorille
མི་རྒོད།

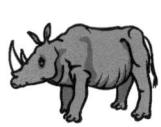

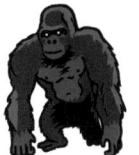

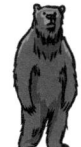

l'ours
དོམ།

le chameau

རྔ་མོང་།

l'autruche

རྔ་མོང་བྱ་ཆེན།

le lion

སེང་གེ

le singe

སྤྲེའུ།

le flamand rose

ངང་པའི་རྒྱལ་པོ།

le perroquet

ནེ་ཙོ།

l'ours polaire

དོམ་དཀར།

le pingouin

བྱ་ཆེན་པེད་གུན།

le requin

ཉ་ཆེན་གཉའ།

le paon

རྨ་བྱ།

le serpent

སྦྲུལ།

le crocodile

ཆུ་སྲིན།

le gardien de zoo

གཅན་གཟན་ཁང་གི་གཉེར་ཁ་ལས་ཁ།

le phoque

མ་ཚོ་ཀྲོང་།

le jaguar

གཅན་གཟན་གུང་།

le poney

ཡུལ་རྟ།

le léopard

གཟིག

l'hippopotame

མ་ཆུ་ཕག

la girafe

ལྐུག་ཞེ་རིང་།

l'aigle

གླག

le sanglier

ཕོ་ཕག

le poisson

ཉ།

la tortue

རུས་སྦལ།

le morse

ཕྱེལ་རམ།

le renard

ཝ་མོ།

la gazelle

དགོ་བ།

l'american Football
ཨ་རིའི་རྐང་རྩེད་སྤོ་ལོ།

le cyclisme
རྣང་འཁྱུ་རི་ལ་བཞོན་པ།

le tennis
ཏེ་ནི་སི།

le basket-ball
ལས་ཆེའི་སྤོ་ལོ།

la natation
ཆུ་སྐྱལ་བ།

la boxe
ཕྱོག་ཉེང་།

le hockey sur glace
ཚོག་ཀེའི།

le football
རྣང་རྩེད་པོ་ལོ།

le badminton
བ་སྤོའི་སྤོ་ལོའི་རྩེད་མོ།

l'athlétisme
ལས་རྩལ་ལས་འགུལ།

le handball
ལག་རྩེད་པོ་ལོ།

le ski
གངས་ཤུད་པ་ལེབ།

le polo
པོ་ལོ།

les activités

བྱེད་ལས།

sauter
མཆོང་བ།
embrasser
འཐམ་འཁྱུད་བྱེད་པ།
rire
གད་མོ་དགོད་པ།
marcher
གོམ་པ་རྒྱག་པ།
chanter
གླུ་ལེན་པ།
rêver
རྨི་ལམ་སློང་བ།
prier
གསོལ་བ་འདེབས་པ།
faire la bise
འོ་བྱེད་པ།

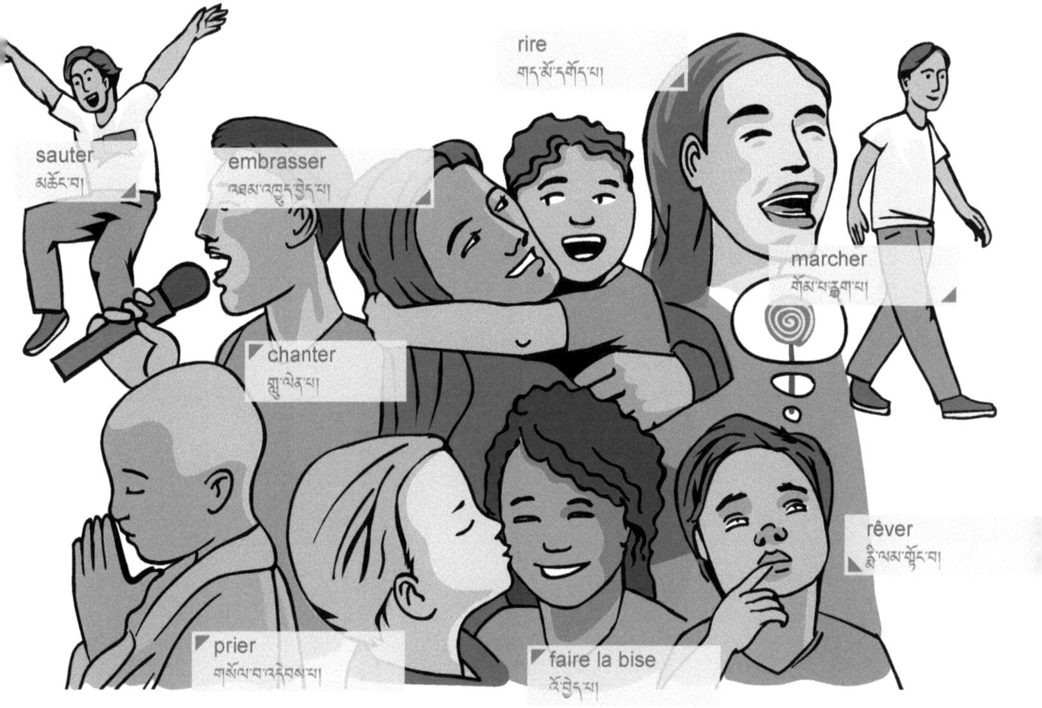

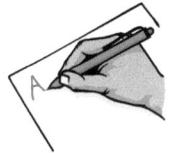

écrire

འབྲི་བ།

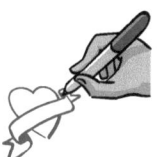

dessiner

འབྲི་བ།

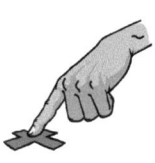

montrer

མིག་ལ་སྟོན་པ།

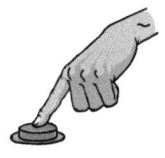

pousser

འབུད་རྒྱག་གཏོང་བ།

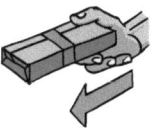

donner

སྤྲོད་པ།

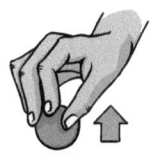

prendre

ལེན་པ།

avoir

ཡོད།

faire

བྱེད།

être

ཨིན།

être debout

ལངས་པ།

courir

རྒྱུག་པ།

trier

འཚེར་པ།

jeter

འཕེན་པ།

tomber

ལྷུང་བ།

être couché

ཉལ་བ།

attendre

སྒུག་པ།

porter

འཁྱེར།

être assis

མར་སྡོད་པ།

s'habiller

གྱོན་པ།

dormir

གཉིད་ཉལ་བ།

se réveiller

ཡར་ལངས་པ།

regarder

ལྟ་བ།

pleurer

དུ་བ།

caresser

གོན་པ་བྱོན་པ།

peigner

སྐྲ་འདད་པ།

parler

སྐད་ཆ་ཤོད་པ།

comprendre

རྟོགས་པ།

demander

འདྲི།

écouter

ཉོས་པ།

boire

འཐུང་།

manger

ཟ།

ranger

ལེགས་སྒྲིག

aimer

དགའ་བ།

cuire

བཙོ་བ།

conduire

རླངས་འཁོར་གཏོང་བ།

voler

འཕུར་བ།

faire de la voile

རྒྱ་མཚོར་སྐྱོད་པ།

calculer

རྩིས་རྒྱག་པ།

lire

བློག་པ།

apprendre

སློབ་སྦྱོང་བྱེད་པ།

travailler

ལས་ཀ་བྱེད་པ།

se marier

གཉེན་སྒྲིག་བྱེད་པ།

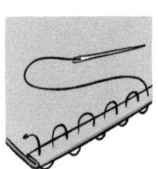

coudre

འཚེམ་པ།

brosser les dents

སོ་འཁྲུས།

tuer

གསོད་པ།

fumer

ཐ་མག་འཐེན་པ།

envoyer

གཏོང་བ།

grand-mère
ཕྱི་མོ།

le grand-père
པོ་པོ།

le père
ཨ་པ།

la mère
ཨ་མ།

le bébé
ཕྲུག་གུ།

la fille
བུ་མོ།

le fils
བུ་ཕྲུག

l'hôte
མགྲོན་པོ།

la tante
ཨ་ནེ།

l'oncle
ཨ་ཁུ།

le frère
ཕ་སྤུན།

la sœur
ཨ་ཆེ།

le corps

ལུས་ཕུངས།

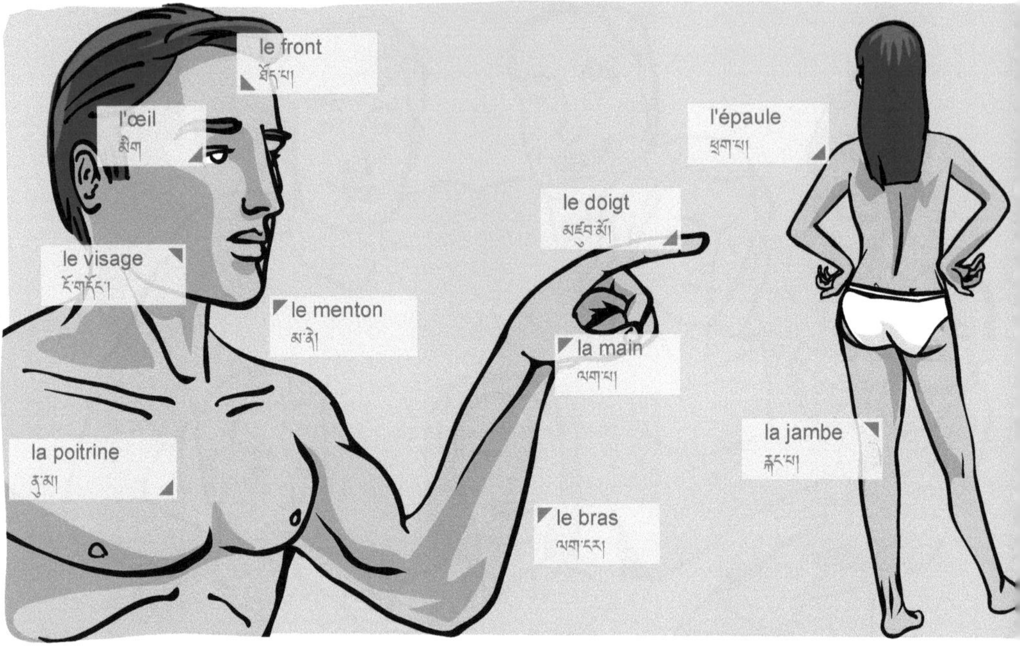

le front
ཐོད་པ།
l'œil
མིག
l'épaule
ཕྲག་པ།
le doigt
མཛུབ་མོ།
le visage
ངོ་གདོང་།
le menton
མ་ནེ།
la main
ལག་པ།
la jambe
རྐང་པ།
la poitrine
ནུ་མ།
le bras
ལག་ངར།

le bébé
བྱིས་པ།

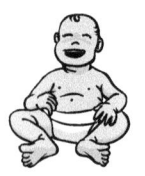

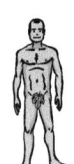

l'homme
སྐྱེས་པ

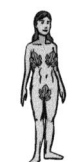

la femme
བུད་མེད།

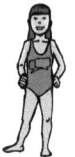

la fille
བུ་མོ།

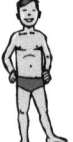

le garçon
བུ།

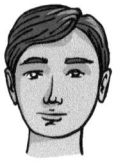

la tête
མགོ།

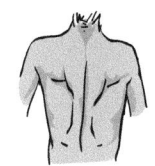

le dos

སྒལ་པ།

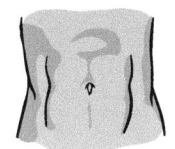

le ventre

ཚོས་པ།

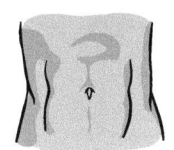

le nombril

ལྟེ་བ།

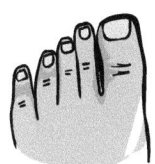

l'orteil

རྐང་མཛུབ།

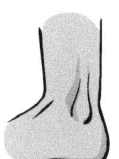

le talon

རྟིང་ཀ།

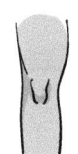

l'os

རུས་པ།

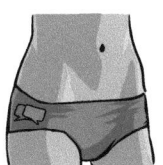

la hanche

དཔྱི་མགོ།

le genou

པུས་མོ།

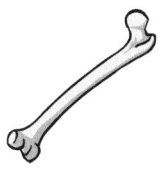

le coude

གྲུ་མོ།

le nez

སྣ།

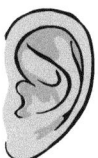

les fesses

རྐུབ།

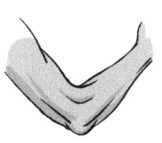

la peau

པགས་པ།

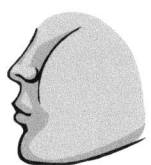

la joue

འགྲམ་པ།

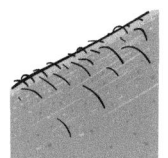

l'oreille

རྣ་མཆོག།

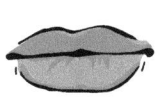

la lèvre

མཆུ།

le corps - ལུས་པོ་དངོས།   69

la bouche

ཁ།

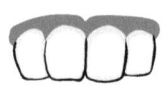

la dent

སོ།

la langue

ལྕེ།

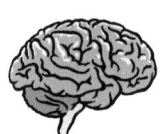

le cerveau

ཀླད་པ།

le cœur

སྙིང་།

le muscle

ཤ་གནད།

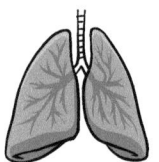

les poumons

གློ་བ།

le foie

མཆིན་པ།

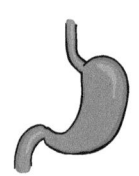

l'estomac

གྲོད་པ།

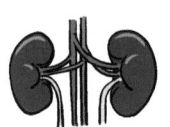

les reins

མཁལ་མ།

le rapport sexuel

འཁྲིག་སྤྱོད།

le préservatif

ཤུང་འབག

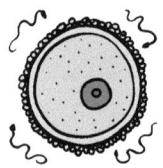

l'ovule

ཁམས་དམར།

le sperme

ཁམས་དཀར།

la grossesse

སྦྲུམ་མའི་གནས་སྐབས།

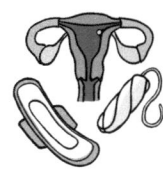

la menstruation

སྒྲ་མཚན།

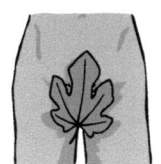

le vagin

སྟུ་སྒོ།

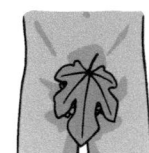

le pénis

པོ་མཚན།

le sourcil

སྤྱིན་མ།

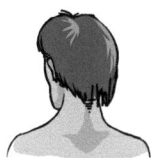

les cheveux

སྐྲ།

le cou

སྐེ།

l'hôpital

སྨན་ཁང་།

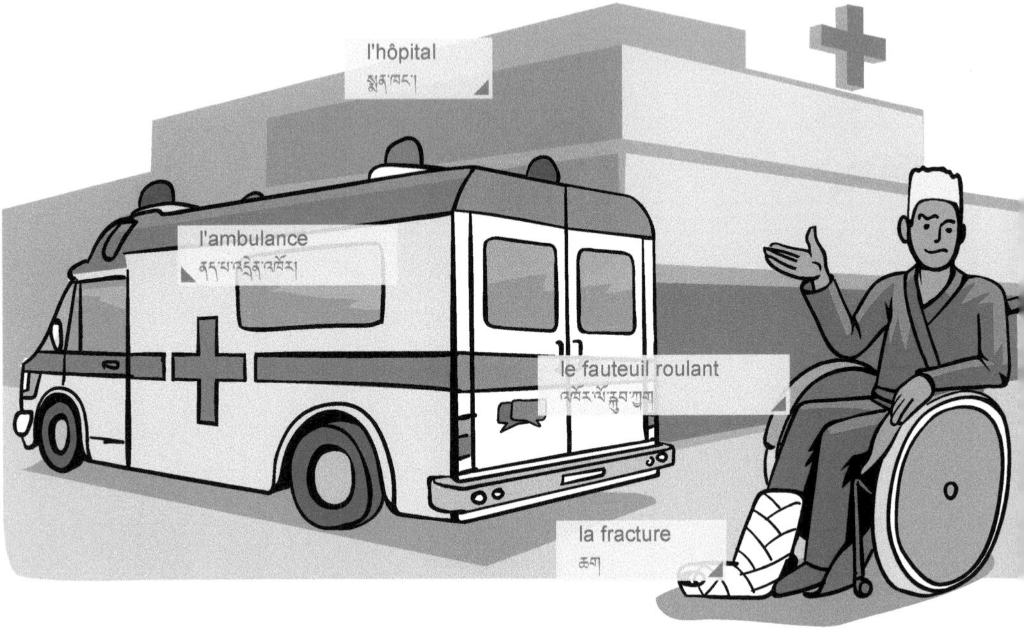

l'hôpital
སྨན་ཁང་།
l'ambulance
ནད་པ་འདྲེན་འཁོར།
le fauteuil roulant
འཁོར་ལོ་རྐུབ་ཀྱག
la fracture
ཆག

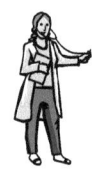

le médecin

སྨན་པ།

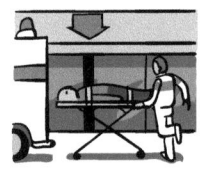

le service des urgences

མྱུར་སྐྱོབ་ཁང་།

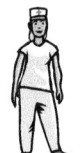

l'infirmière

ནད་གཡོག

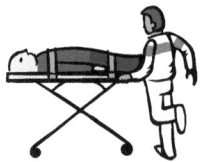

l'urgence

མྱུར་སྐྱོབ།

inconscient

དྲན་པ་འཐོར།

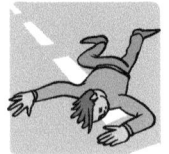

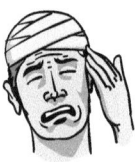

la douleur

ཟུག་རྫུ།

la blessure

སྐྲོན།

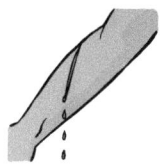

l'hémorragie

ཁྲག་བཞུར་བ།

la crise cardiaque

སྙིང་ཁྲག་དཀགས་པ།

l'attaque cérébrale

གཟའ་ཕོག

l'allergie

ཚམས་ཚི།

la toux

གློ་རྩུག་པ།

la fièvre

ཚ་བ་རྒྱས་པ།

la grippe

ཚམས་རིམས།

la diarrhée

བཤལ་ནད།

le mal de tête

མགོ་ན།

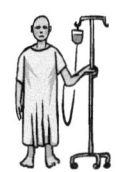

le cancer

སྐྲན་ནད།

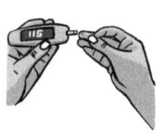

le diabète

གཅིན་སྙི།

le chirurgien

གཤག་བཅོད་སྨན་པ།

le scalpel

གཤག་བཅོས་གྲི།

l'opération

བགོ་སྐྲོན།

le CT

CT ཞིབ་བཤེར།

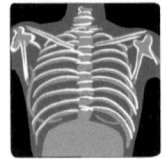

la radiographie

གློག་དཔར།

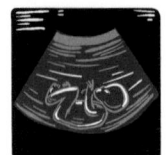

l'échographie

བརྙ་ལ་སྐུད་ཀྱི་གློག་དཔར།

le masque

ཁ་ཞིབས།

la maladie

ནད།

la salle d'attente

སྒུག་ཁང་།

la béquille

ཉ་བོའི་འཁར་ཤིང་།

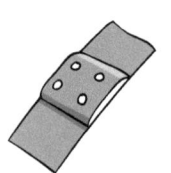

le pansement

ཐལ་རྒྱལ།

le pansement

སྨྱུ་དཀྲིས།

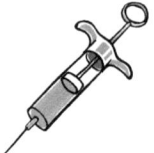

l'injection

ཁབ།

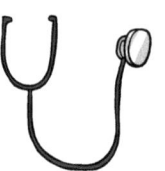

le stéthoscope

ནད་ཞིབ་ཉན་སྦྱ་འཕྲུལ་ཆས།

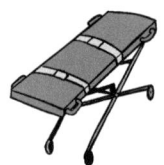

le brancard

འགྲོག་འཕུར།

le thermomètre

ཚ་དྲོད་སྤྲོད་ཆས།

l'accouchement

སྐྱེ་བ།

la surcharge pondérale

ལྗིད་བསྒོལ།

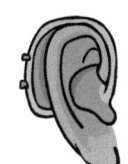

l'appareil auditif

ཅན་པར་ལོ་བུད།

le désinfectant

དུག་སེལ་སྨན་རྫས།

l'infection

འགོ་བ།

le virus

དུག་སྲིན།

le VIH / le sida

ཨེ་ཙི་ནད་དུག

le médicament

སྨན།

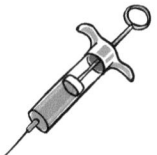

la vaccination

སྔོན་འགོག་སྨན་ཁབ།

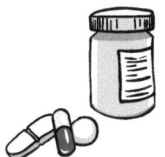

les comprimés

སྨན་རིལ།

la pilule

སྲི་འགོག་སྨན།

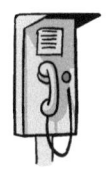

l'appel d'urgence

སྨར་སྐྱོབ་འབོད་པ།

le tensiomètre

ཁྲག་གཤེད་རྩིས་ཆས།

malade / sain

ནད་པ་འདི་པོ་ཐང་པོ།

Au secours !

སྐྱོབ་སྐྱོབ་ཡ།

l'alarme

ཉེན་བརྡ།

l'assaut

སྐྲོལ་འཛིངས།

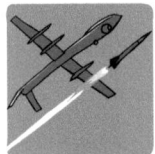

l'attaque

བཙན་སྐྲོལ།

le danger

ཉེན་ཁ།

la sortie de secours

ཕྱིར་སྐྱུར་ཐོན་སྒོ།

Au feu!

མེ།

l'extincteur

མེ་གསོད་ཡོ་བྱད།

l'accident

འཁྲུལ་རྐྱེན།

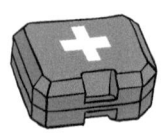

la trousse de premier
secours

སྔུར་སྐྱོབ་སྨན་སྒམ།

SOS

རེ་སྐུལ་སྐྱོབ་འབོད།

la police

ཉེན་རྟོག་པ།

l'Europe

ཡོ་རོབ།

l'Amérique du Nord

ཨ་མེ་རི་ཀའི་བྱང་མ།

l'Amérique du Sud

aམེ་རི་ཀའི་ལྷོ་མ།

l'Afrique

ཨ་ཧྥི་རི་ཀ།

l'Asie

ཨེ་ཤེ་ཡ།

l'Australie

ཨོ་སི་ཏྲོ་ལི་ཡ།

l'Océan atlantique

ནུབ་ཆེན་རྒྱ་མཚོའི་

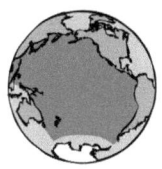

l'Océan pacifique

ཞི་བདེའི་

l'Océan indien

རྒྱ་གར་རྒྱ་མཚོ།

l'Océan antarctique

ལྷོ་ཕྱོགས་ཀྱི་རྒྱ་མཚོ།

l'Océan arctique

བྱང་ཕྱོགས་ཀྱི་རྒྱ་མཚོ།

le Pôle nord

བྱང་ནེ།

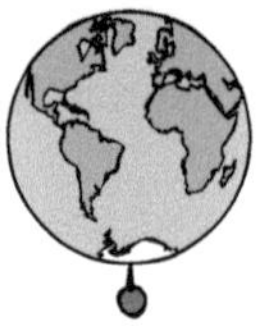

le Pôle sud

ལྷོ་སྣེ།

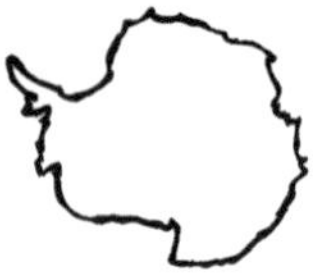

l'Antarctique

ལྷོ་སྣེ་གླིང་།

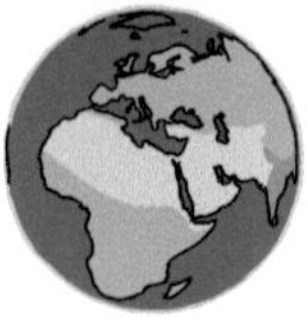

la terre

ས་གོ་ལ།

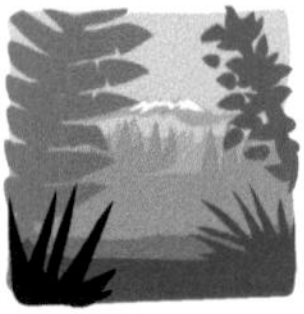

le pays

ས།

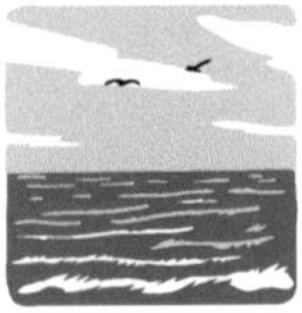

la mer

རྒྱ་མཚོ།

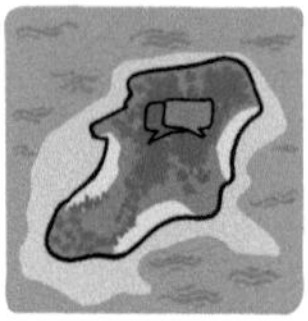

l'île

གླིང་ཀ།

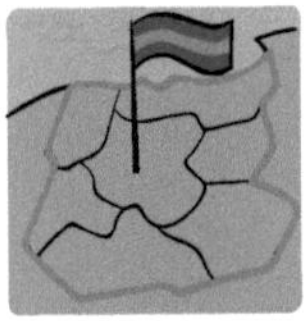

la nation

རྒྱལ་ཁབ།

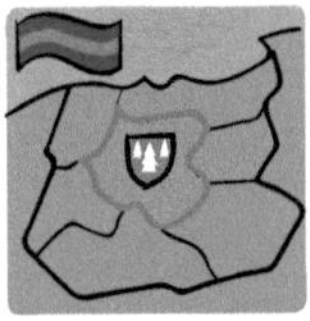

l'état

རྒྱལ་ཁབ།

le cadran

ཆུ་ཚོད།

l'aiguille des heures

ཆུ་ཚོད་ཀྱི་མདའ།

l'aiguille des minutes

སྐར་མདའ།

l'aiguille des secondes

སྐར་མདའ།

Quelle heure est-il ?

དུས་ཚོད་ག་ཚོད་རེད།

le jour

ཉིན།

le temps

དུས་ཚོད།

maintenant

ད་ལྟ།

la montre digitale

མཛུབ་འབྲིབས་ཅན་གྱི་ཆུ་ཚོད

la minute

སྐར་མ།

l'heure

དུས་ཚོད།

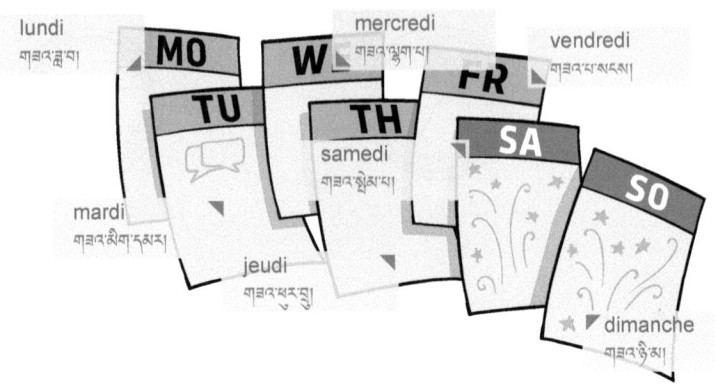

lundi
གཟའ་ཟླ་བ།

mercredi
གཟའ་ལྷག་པ།

vendredi
གཟའ་པ་སངས།

mardi
གཟའ་མིག་དམར།

samedi
གཟའ་སྤེན་པ།

jeudi
གཟའ་ཕུར་བུ།

dimanche
གཟའ་ཉི་མ།

hier
ཁ་སང་།

aujourd'hui
དེ་རིང་།

demain
སང་ཉིན།

le matin
ཞོགས་པ།

le midi
ཉིན་དགུང་ས།

le soir
དགོང་མོ།

MO	TU	WE	TH	FR	SA	SU
1	2	3	4	5	6	7
8	9	10	11	12	13	14
15	16	17	18	19	20	21
22	23	24	25	26	27	28
29	30	31	1	2	3	4

les jours ouvrables
ལས་གནེར་ཉིན་མོ།

MO	TU	WE	TH	FR	SA	SU
1	2	3	4	5	6	7
8	9	10	11	12	13	14
15	16	17	18	19	20	21
22	23	24	25	26	27	28
29	30	31	1	2	3	4

le week-end
བདུན་ཕྲག་གི་མཇུག་འཚུག

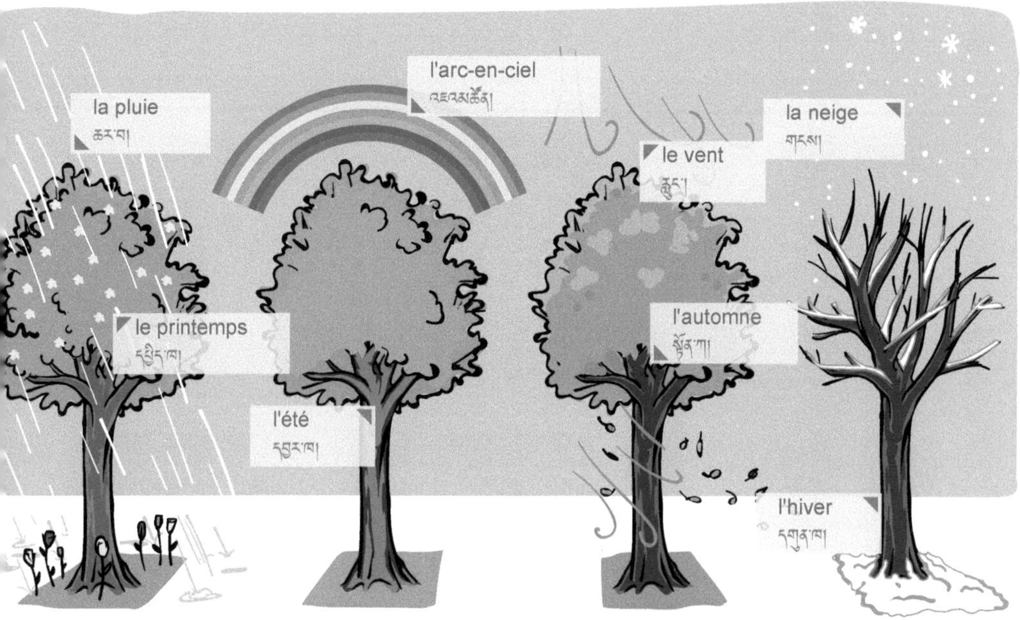

la pluie
ཆར་པ།

l'arc-en-ciel
འཇའ་ཚོན།

le vent
རླུང་།

la neige
གངས།

le printemps
དཔྱིད་ཁ།

l'été
དབྱར་ཁ།

l'automne
སྟོན་ཁ།

l'hiver
དགུན་ཁ།

4.APRIL	11°	☀
5.APRIL	4°	☁
6.APRIL	13°	☁
7.APRIL	8°	☀
8.APRIL	10°	☀

la météo
གནམ་གཤིས་སྟོན་པ་རྟ།

le thermomètre
དྲོད་ཚད་རྫིས་ཆས།

la lumière du soleil
ཉི་འོད།

le nuage
སྤྲིན།

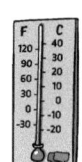

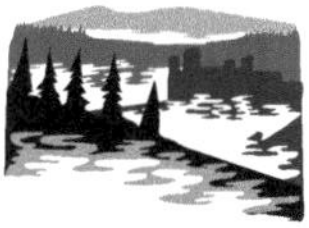

le brouillard
སྨུག་པ།

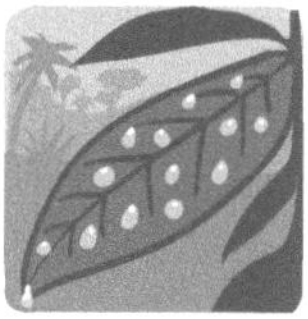

l'humidité
བརླན་ཚད།

la foudre

གློག

la tonnerre

འབྲུག་སྐད།

la tempête

རླུང་འཚུབ།

la grêle

སེར་བ།

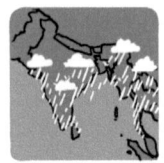

la mousson

དུས་རླུང་།

l'inondation

ཆུ་ལོག

la glace

འཁྱགས་པ།

janvier

སྤྱི་ཟླ་དང་པོ།

février

སྤྱི་ཟླ་གཉིས་པ།

mars

སྤྱི་ཟླ་གསུམ་པ།

avril

སྤྱི་ཟླ་བཞི་པ།

mai

སྤྱི་ཟླ་ལྔ་པ།

juin

སྤྱི་ཟླ་དྲུག་པ།

juillet

སྤྱི་ཟླ་བདུན་པ།

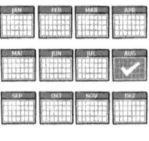

août

སྤྱི་ཟླ་བརྒྱད་པ།

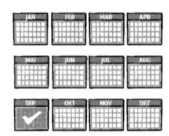

septembre

སྟོན་ཟླ་དང་པོ།

octobre

སྟོན་ཟླ་བཅུ་པ།

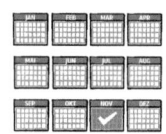

novembre

སྟོན་ཟླ་བཅུ་གཅིག་པ།

décembre

སྟོན་ཟླ་བཅུ་གཉིས་པ།

les formes

རྣམ་པ།

le cercle

སྒོར་སྒོར།

le carré

གྲུ་བཞི་མ།

le rectangle

གྲུ་བཞི་རིང་མོ།

le triangle

ཟུར་གསུམ་མ།

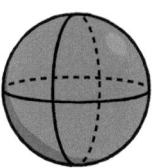

la sphère

རིལ་གཟུགས།

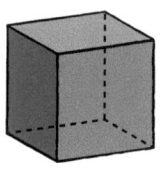

le cube

རྒྱ་དཔངས་གྲུ་བཞི་མ།

blanc

དཀར་པོ།

jaune

སེར་པོ།

orange

ལི་དབང་།

rose

ཟིང་སྐྱ།

rouge

དམར་པོ།

violet

མ་མེན་མདོག

bleu

སྔོན་པོ།

vert

ལྗང་གུ

marron

རྒྱ་སྨུག

gris

སྐྱ་པོ།

noir

ནག་པོ།

beaucoup / peu

མང་པོ་ཉུང་བ།

fâché / calme

ཁྲོ་བོ་ཞི་འཛུམ་ཅན།

joli / laid

མ་རབས་ཁ་ཁ།

le début / la fin

སྒོ་བརྒྱབས་པ་མཛད་སྐོང་།

grand / petit

ཆེ་གཆུང་བ།

clair / obscure

འོད་ཕོགས་ཕོགས་མན་ནག

frère / soeur

ཕུ་ནུ་ཨ་ཆེ།

propre / sale

གཙང་མ་བཙོག་པ།

complet / incomplet

ཆ་ཚང་གཆ་མ་ཚང་བ།

le jour / la nuit

ཉིན་མོ་མཚན་མོ།

mort / vivant

གཤིན་པོ་གསོན་པོ།

large / étroit

ཡངས་པོ་དོག་པོ།

comestible / incomestible

ཟ་རུང་ཟ་མི་རུང་བ།

méchant / gentil

ངན་པ་བཟང་བ།

excité / ennuyé

དགའ་སྤྲོ་སྐྱོ་གནད་སྤུང་སྙེང་ལ་པ།

gros / mince

ཚོན་པོ་རིད་པོ།

le premier / le dernier

དང་པོ་མཐའ་མ།

l'ami / l'ennemi

གྲོགས་པོ་དགྲ་པོ།

plein / vide

ཁེངས་པ་སྟོང་པ།

dur / souple

མཁྲེགས་པོ་འཇམ་པོ།

lourd / léger

ལྕིད་པོ་ཡང་པོ།

faim / soif

བཀྲེས་པ་སྐོམ་པ།

malade / sain

ནད་པ་འདི་པོ་ཟད་པོ།

illégal / légal

ཁྲིམས་འགལ་གྱི་ཁྲིམས་ཀྱི

intelligent / stupide

རིག་པ་ཅན་གླེན་པ།

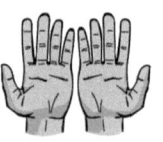

gauche / droite

གཡོན་གཡས།

proche / loin

ཉེ་པོ་ཐག་རིང་པོ།

nouveau / usé

གསར་པ་དང་རྙིང་པ།

rien / quelque chose

གང་ཡང་མིན་པ་ག་རེ་ཡིན་ན།

vieux / jeune

ལོ་ན་མཐོ་བ་ག་གཞོན་ན།

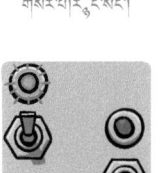

marche / arrêt

སྤྱོད་ཡག

ouvert / fermé

ཁ་འབྱེད་ནས་ཡོད་པ་ཡི་ཁ་བཏད་ནས་ཡོད་པ་ཡི།

faible / fort

ཤུགས་པོ་ག་སྟ་ཆེན་པོ།

riche / pauvre

ཕྱུག་པོ་ག་སྐྱོ་པོ།

correct / incorrect

ཡོ་རེས་ནོར་པ།

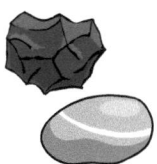

rugueux / lisse

རྩུབ་པོ་འཇམ་པོ།

triste / heureux

ཡིད་སྐྱོ་ག་དགའ་པོ།

court / long

ཐུང་ག་རིང་ག

lent / rapide

དལ་ག་མགྱོགས་པ།

mouillé / sec

རློན་པ་ག་སྐམ་པོ།

chaud / froid

ཚ་པོ་གྲང་མོ།

la guerre / la paix

འཐབ་འགོ།

les oppositions - ལྡོག་ཕྱོགས་ཀྱི་མིང་ཚིག

0

zéro

གྲངས་ཀོ་མ།

1

un / une

གཅིག

2

deux

གཉིས།

3

trois

གསུམ།

4

quatre

བཞི།

5

cinq

ལྔ།

6

six

དྲུག

7

sept

བདུན།

8

huit

བརྒྱད།

9

neuf

དགུ

10

dix

བཅུ།

11

onze

བཅུ་གཅིག

12

douze

བཅུ་གཉིས།

13

treize

བཅུ་གསུམ།

14

quatorze

བཅུ་བཞི།

15

quinze

བཅོ་ལྔ།

16

seize

བཅུ་དྲུག

17

dix-sept

བཅུ་བདུན།

18

dix-huit

བཅོ་བརྒྱད།

19

dix-neuf

བཅུ་དགུ

20

vingt

ཉི་ཤུ།

100

cent

བརྒྱ།

1.000

mille

སྟོང་།

1.000.000

le million

ས་ཡ།

les langues

l'anglais

དབྱིན་སྐད།

l'anglais américain

ཨ་རིའི་དབྱིན་སྐད།

le chinois mandarin

རྒྱ་སྐད།

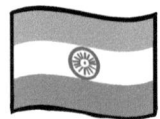

le hindi

ཧིན་དི།

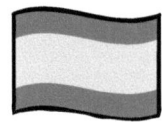

l'espagnol

སི་པེན་གྱི་སྐད་རིགས།

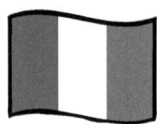

le français

ཕ་རན་སིའི་སྐད་རིགས།

l'arabe

ཨ་རབ་ཀྱི་སྐད་རིགས།

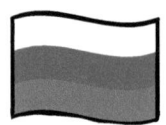

le russe

ཨུ་རུ་སུའི་སྐད་རིགས།

le portugais

ཕོར་ཐུ་གལ་གྱི་སྐད་རིགས།

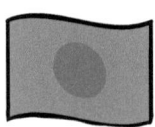

le bengali

བྲུང་ག་ལ་སྐད་རིགས།

l'allemand

འཇར་མན་སྐད་རིགས།

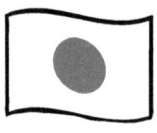

le japonais

ཉི་ཧོང་སྐད་རིགས།

je

ང་།

tu

ཁྱེད་རང་།

il / elle / ce, c', cela

ཁོ/མོ/འདི།

nous

ང་ཚོ།

vous

ཁྱེད་ཚོ།

ils / elles

ཁོ་ཚོ།

Qui ?

སུ།

Quoi ?

ག་རེ།

Comment ?

ག་འདྲ།

Où ?

ག་བ།

Quand ?

ག་དུས།

le nom

མིང་།

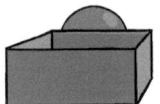

derrière

རྒྱབ་ན།

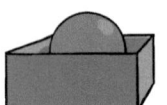

dans

ནང་ན།

devant

མདུན་ན།

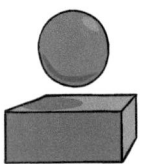

au-dessus

སྟེང་ན།

sur

སྟེང་ན།

en-dessous

འོག་ན།

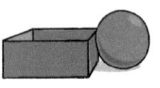

à côté de

འགྲམ་དུ།

entre

བར་དུ།

le lieu

ས་གནས།